Josh McDowell
Werden, wie Gott mich meint

Josh McDowell

Werden,
wie Gott mich meint

Editions Trobisch

Die Originalausgabe erschien unter dem Titel
HIS IMAGE MY IMAGE
im Verlag HERE'S LIFE PUBLISHERS, USA
© 1984 Campus Crusade for Christ.

ISBN 3-87827-013-5

2. Auflage
Copyright der deutschen Ausgabe:
© 1989 Editions Trobisch, Postfach 2048, 7640 Kehl/Rhein
Umschlag: Susanne Holler
Satz und Druck:
St.-Johannis-Druckerei C. Schweickhardt, 7630 Lahr 12
Printed in Germany   26763/1990

Für
MARY CROWLEY,

eine geschätzte Freundin, deren positives
Selbstbild sehr ansteckend wirkt.

Inhaltsverzeichnis

Beim Lesen eines Buches nehmen wir uns häufig vor,
– uns wesentliche Aussagen oder bestimmte Passagen einzuprägen;
– etwas Bestimmtes für jemanden zu tun;
– etwas in unserem Leben zu verändern.

Leider haben wir meistens schon nach ein paar Wochen unsere guten Vorsätze völlig vergessen. Die folgenden fünf Hinweise mögen Ihnen als Hilfe dienen zum...

*Umsetzen guter Vorsätze in praktische Gewohnheiten**

1. *Besorgen Sie sich kleine Karteikarten.*
Schreiben Sie sich die wesentlichen Aussagen oder die Passagen, die Sie sich einprägen wollen, auf kleine Karteikarten. Tragen Sie diese Karteikarten einen oder zwei Monate lang immer bei sich. Nehmen Sie sich diese Karten immer wieder vor, wenn Sie im Wartezimmer beim Arzt sitzen, wenn Sie vor der Schule im Wagen auf die Kinder warten, wenn Sie längere Autofahrten machen oder abends vor dem Schlafengehen.

2. *Merken Sie in Ihrem Kalender einen Termin vor, an dem Sie über das bisher Erreichte nachdenken.*
Legen Sie diesen Termin noch heute fest, so daß Sie sich einmal im Monat Zeit nehmen, um über das bisher Erreichte nachzudenken. Lassen Sie sich nicht entmutigen, wenn Ihnen nicht alles gelingt, was Sie sich vorgenommen haben. Aber machen Sie auf jeden Fall weiter.

3. *Lesen Sie die unterstrichenen Passagen noch einmal durch.*
Unterstreichen Sie die wesentlichen Aussagen in diesem Buch und lesen Sie das Unterstrichene nochmals, nicht das ganze Buch. Wenn Sie etwas oft gelesen haben, vergessen Sie es gewiß nicht mehr, ob Sie wollen oder nicht. Die Methode des Wiederholens ist eine gute Hilfe, sich »die wesentlichen Aussagen ins Gedächtnis einzuprägen.«

4. *Wenden Sie das Gelernte sofort an.*
Es gibt ein altes Sprichwort:
Höre etwas... und du vergißt es.
Sieh etwas... und du behältst es.
Tue etwas... und du verstehst es.
Wenden Sie das Gelernte so bald wie möglich an..., damit verstehen Sie das Lernmaterial besser, und es prägt sich auch besser in Ihr Gedächtnis ein.

5. *Setzen Sie sich beim Lernen Prioritäten.*

Fragen Sie sich: »Welche Dinge (nicht mehr als drei) aus diesem Buch will ich wirklich ernsthaft anwenden und zu einer Gewohnheit machen?«

Denken Sie daran: Jeder Mensch auf der Welt kämpft damit, seine guten Vorsätze zu Gewohnheiten werden zu lassen. Dies sind fünf Gedanken eines Mitkämpfers.

* © Bobb Biehl, Masterplanning Group International

Danksagung

Folgenden Personen möchte ich meinen herzlichen Dank und meine Anerkennung für ihre Mitarbeit an diesem Buch aussprechen:

Waylon Ward für seine umfassende psychologische Forschungsarbeit und Beratung.

Marty Williams für seine gute Beratung und das Einbringen persönlicher Lebenserfahrung.

Dr. Lawrence J. Crabb Jr. für die Durchsicht des Manuskripts und das Verfassen des Geleitwortes.

Dr. Robert Saucy für die theologische Überprüfung des Inhaltes des Buches.

Vorwort

Wenn Sie sich vorstellen können, lieber jemand anders zu sein als Sie selbst, dann haben Sie vermutlich Probleme mit Ihrem Selbstbild.

An der Universität kam einmal ein Student zu mir und sagte: »Josh, ich kenne mindestens zwanzig Leute, in deren Haut ich lieber stecken würde als in meiner eigenen.« Vielleicht trifft dieser Satz auch auf Sie zu.

Wie würden Sie die beiden folgenden Fragen beantworten:
1. Welchen Wert haben Sie als Mensch? Ich meine damit nicht, welchen Wert die chemischen Substanzen haben, aus denen Ihr Körper besteht, sondern was sind *Sie* wert?
2. Freuen Sie sich über sich selbst?

Ihre Antworten auf diese Fragen können der Schlüssel zu Ihrem Lebensstil sein, zu der Freude, die Sie erleben, zu Ihrem Verhalten anderen gegenüber und zu Ihrer Einstellung gegenüber Gott. Was Ihr Verhalten in diesen wichtigen Lebensbereichen bestimmt, ist nicht so sehr, wer Sie sind, sondern vielmehr, für wen Sie sich halten.

Vielleicht ist das Nachdenken über solche Fragen neu für Sie. Vielleicht haben Sie sich noch nie vergegenwärtigt, daß der Mensch einen wirklichen Wert hat, daß wir alle nach dem Bilde des Schöpfers erschaffen und »mit Ehre und Herrlichkeit gekrönt« sind, wie es in Psalm 8 (Vers 6) geschrieben steht.

Vielleicht sind Sie wie die Vertreter des Behaviorismus überzeugt, daß das Leben nur durch einen kosmischen Zufall in einer weiten Galaxis entstanden ist und daß die Menschen nichts weiter als programmierte Maschinen sind. Vielleicht glauben Sie wie die Existentialisten, daß wir eine Absurdität sind – oder wie die Vertreter der humanistischen Evolutionstheorie, daß wir nur Tiere sind, deren genetische Verwandtschaft bis zu den Affen zurückreicht.

Auf der anderen Seite hört man heute auch vielfach die Meinung, der Mensch sei völlig unabhängig und autonom. Es wird behauptet, Wissenschaft und Technik hätten Schranken beseitigt, die uns früher eingeengt hätten, so daß wir heute nicht mehr den Zwängen alter abergläubischer Vorstellungen und den Ängsten unserer Vorfahren unterworfen sind und nun die Freiheit haben, unser Leben so zu gestalten, wie es unseren Vorstellungen entspricht.

Anstatt aber nun die neugewonnene Freiheit zur Besinnung auf die eigenen Möglichkeiten zu nutzen, haben heute viele Menschen mit einem Problem ganz anderer Art zu kämpfen, nämlich mit dem Problem, einen Sinn in ihrem Dasein zu sehen, da sie es nun mit einem Universum zu tun haben, das in seiner Größe alle bisherigen Vorstellungen weit übertrifft. Wenn wir den Menschen lediglich als einen verschwindend kleinen Punkt im Universum sehen, können wir leicht nachvollziehen, daß das, was den Wert und die Bedeutung des Menschen betrifft, äußerst dürftig erscheint. Die Folge ist, daß die Menschen seelische Not leiden und innerlich um Hilfe schreien.

Es geht ihnen wie einem jungen Mann namens Jens, der mir folgendes schrieb: »Ich schreibe Ihnen, weil ich einsam und verwirrt bin. Ich habe einfach das Gefühl, daß mein Leben nicht mehr lebenswert ist. Jede Nacht weine ich mich in den Schlaf. Manchmal wünschte ich, ich wäre tot.«

Jodi Foster (die Schauspielerin, in die sich der psychisch gestörte John Hinckley verliebt hatte und die ihm als Motiv für sein Attentat auf Ronald Reagan diente) berichtete von einem ähnlichen Problem, unter dem eine ihrer Schauspielerkolleginnen litt. In einem Interview erzählte Jodi: »Das Verrückteste an meiner Freundin ist, daß sie eines der schönsten Mädchen der Welt ist und doch meint, unbeschreiblich häßlich zu sein; sie hält sich für grotesk. Deshalb kann sie auch niemandem vertrauen, der behauptet, sie zu lieben. Ihre Einstellung ist: ›Gott, wenn du mich liebst, dann mußt du schon ein rechter Narr sein.‹«

Die einzige Wahrheit, die man dem Standpunkt dieses Mädchens entgegensetzen kann, ist die Tatsache, daß Gott sie wirklich liebt. Der Denkfehler dieses Mädchens besteht darin, nicht zu erkennen, daß Gott als ihr Schöpfer ganz allein in der Lage ist, ihren Wert und ihre Bedeutung zu ermessen. Er allein kann ihre Sehnsucht nach Geborgenheit und Liebe realistisch beantworten.

Heute genau wie früher brauchen die Menschen das Bewußtsein, geliebt zu werden und einen Wert zu haben. Hier zeigt sich, daß die christliche Lehre eben nicht altmodisch und überholt ist. Denn gerade an dieser Stelle geht sie in einzigartiger Weise auf die Bedürfnisse des modernen Menschen ein. Eine persönliche Beziehung zu Jesus Christus gibt dem einzelnen Menschen die Freiheit, zu der Person zu werden, als die er geschaffen wurde.

Wenn Menschen sich für Christus entscheiden, so ist dies nicht einfach die Entscheidung für eine neue Lebensphilosophie. Sie treten in eine einzigartige persönliche Beziehung zu ihrem Schöpfer, die es ihnen nicht nur ermöglicht, ihr Selbstwertgefühl zu stärken, sondern auch Dinge von unvergänglichem Wert zu tun. Christen können in dem Bewußtsein leben, daß der Gott des Universums sie annimmt und liebt. Sie können anfangen, sich als Kinder des Königs zu sehen und dann dementsprechend handeln – als Mitglieder der königlichen Familie. Lassen Sie mich erklären, was ich meine.

Jeder Mensch hat eine besondere Bedeutung als Gottes Schöpfung. Wenn Gott in das Leben eines Menschen eintritt, wird der Wert dieses Menschen grenzenlos, ewig und unveränderlich, weil der eine in ihm lebt.

Was die Menschen heute brauchen, ist das Bewußtsein, geliebt zu werden und eine Bedeutung zu haben. Je weiter wir uns dem einundzwanzigsten Jahrhundert nähern, um so mehr breitet sich in unserer Gesellschaft die Ansicht aus, daß wir überhaupt keine persönliche Bedeutung hätten. Anstatt uns geliebt und wertvoll zu wissen, fühlen wir uns in zunehmendem Maße isoliert, emotional von den anderen abgeschnitten oder ausgenutzt, und dann betrachten wir uns nur noch als ein kleines Rädchen im Getriebe.

Dieses Buch ist mit dem Ziel geschrieben worden, Ihnen zu veranschaulichen, wie Gott Sie sieht. Aus eigener Erfahrung weiß ich, daß eine ehrliche, an der Bibel orientierte Einstellung zu Gott, zu der eigenen Person und zu den anderen eine befreiende Kraft ist. Sie sind nicht allein in dem Kampf um Ihre Identität. Viele andere haben Ihre Not und Ihren Kummer ebenfalls empfunden – auch ich. Wenn Sie versuchen, Ihr Selbstbild in Gottes Bild von Ihnen zu finden, so ist es den Kampf wert – auch wenn er hart und der Heilungsprozeß langwierig sein kann.

Geleitwort

Jede Gesellschaft hat ihre eigenen, einmaligen und sie in Anspruch nehmenden Probleme. In der Welt der kämpfenden, nach Wachstum strebenden Christen steht das Thema Selbstachtung schon seit einigen Jahren im Brennpunkt des Interesses, und es gibt keine Anzeichen dafür, daß dies sich in naher Zukunft ändern wird.

Die zum Thema Selbstachtung gestellten Fragen sind zahlreich und wichtig. Zum Beispiel: Darf ein Christ sich um ein positives Selbstbild bemühen? Oder führen uns solche Bestrebungen nur weiter hinein in den Sumpf der Selbstsucht? Bringen sie uns ab vom Weg zu Christus?

Ist unsere moderne Beschäftigung mit dem Selbstbild in Wirklichkeit ein trojanisches Pferd, das weltliche Vorstellungen in die christliche Kirche hineinschmuggelt? Wird den gewichtigeren Dingen wie Heiligkeit, Gehorsam und persönliche Opferbereitschaft zu wenig Beachtung geschenkt, wenn die Seelsorger und Therapeuten uns ermutigen, »uns selbst zu finden« und »unseren Wert zu bestätigen«?

Oder ist ein gesundes Selbstbild ein Segen, der denen geschenkt wird, die Gott kennen? Vollzieht sich nicht ganz legitim eine Heilung innerer Wunden, wenn wir allmählich verstehen, wer Christus ist und was er getan hat? Vielleicht bringt geistliches Wachstum ein vertieftes Bewußtsein der eigenen Würde und des eigenen Lebenssinns mit sich.

Die Fragen zum Selbstbild werden niemals verstummen – und das sollen sie auch nicht. Sie sind wichtig, besonders für Tausende von Menschen, die ehrlich genug sind zuzugeben, daß etwas in ihrer christlichen Erfahrung fehlt. Mehr Menschen, als wir annehmen, leben in heimlicher Verzweiflung; sie fragen sich, ob es jemanden gibt, der sich für sie interessiert; sie versuchen sich krampfhaft einzureden, daß ihr Handeln für irgend jemanden eine Bedeutung hat.

Viel zu oft gehen die Antworten, die man auf diese Probleme hört, nicht über oberflächliche Behauptungen in bezug auf den Wert und die Bedeutung des Menschen hinaus, wobei die Realität der Sündhaftigkeit des Menschen ganz einfach übersehen wird – ein Problem, das realistischerweise eine negative Selbsteinschätzung durchaus rechtfertigen würde.

Zu dem Problem der Selbstachtung werden uns manchmal von Menschen, die den biblischen Standpunkt gegenüber der Sünde einnehmen, grob simplifizierte Lösungen angeboten. Sie sagen zum Beispiel: »Hör' doch auf, soviel Aufhebens um dich selbst zu machen, und kümmere dich lieber darum, daß du so lebst, wie du sollst.« Oder: »Glaube einfach, was Gott sagt, lerne sein Wort auswendig, bete und lege Zeugnis ab.«

Josh McDowell hat eine schon seit langem notwendige, ausgewogene Abhandlung zum Thema Selbstachtung geschrieben, bei der er weder die Wahrheit der menschlichen Verwerflichkeit noch die frohmachende Wahrheit von der menschlichen Würde außer acht läßt. In seiner Behandlung dieses Themas zeigt der Autor viel Einfühlungsvermögen gegenüber den sehr realen Kämpfen, die sich im Innern von Menschen abspielen, die nach außen hin glücklich und zufrieden scheinen.

Als ich die ersten Seiten dieses Buches gelesen hatte, fragte ich mich, ob sich Josh wohl aufgrund seiner reichen Kenntnis von den schmerzlichen Auswirkungen eines negativen Selbstbildes verführen lassen würde, die solide biblische Perspektive mit Patentrezepten zu verwässern, und als Voraussetzung für den Glaubensgehorsam lediglich die Aufforderung, »sich selbst zu lieben« beschrieben wird. Begeistert stellte ich fest, daß ihm die seltene Kombination von einem klaren Bekenntnis zum Wort Gottes und dem einfühlsamen Einblick in das wirkliche Leben der Menschen gelungen war. (Wie schade, daß diese zwei Elemente, die eigentlich zusammengehören, so selten vereint sind!)

Joshs ehrliche Schilderung seines eigenen Kampfes mit einem hartnäckig schlechten Selbstbild ist für mich der herausragende und höchst ermutigende Teil des Buches. Der Leser kann sich der ansteckenden Freude nicht entziehen, die er erlebt, wenn er allmählich immer deutlicher erkennt, wer wir in Christus sind und was wir in seinem Namen ausrichten können.

Noch ein weiterer Gedanke. Dies ist keine wissenschaftliche Abhandlung. Jedes Kapitel enthält Beispiele aus dem täglichen Leben und gibt praktische Vorschläge für den biblisch orientierten Umgang mit einem Mangel an Selbstbewußtsein. Das Verhältnis zwischen Theorie und Praxis ist gut ausgewogen. Josh hat sorgfältig die Grundlagen zur gedanklichen Bewältigung der Problematik im Bereich des Selbstbewußtseins gelegt und die abstrakten Konzepte in die Wirklichkeit unseres täglichen Lebens übertragen.

Dr. LAWRENCE J. CRABB JR.

1

Selbstbild: Was ist das?

Haben Sie schon einmal jemandem die Fotos in Ihrer Brieftasche gezeigt? Bestimmt. Vielleicht haben Sie sich im stillen gefreut zu sehen, wie beeindruckt der andere von dem Foto eines Menschen war, der Ihnen viel bedeutet. Vielleicht haben Sie dem andern ein schönes Foto von Ihrer Mutter oder Ihrem Vater gezeigt. Vielleicht haben Sie, falls Sie schon erwachsen und verheiratet sind, stolz gestrahlt, als Ihr Freund beim Anblick Ihrer hübschen Kinder oder Ihrer Frau begeistert »Ah!« oder »Oh!« rief. Fiel aber der Blick Ihres Freundes zufällig auf das Foto in Ihrem Führerschein, so war die Reaktion ganz anders. Dieser Schnappschuß ist einfach zu schlecht, als daß man ihn irgend jemandem vorzeigen könnte, allenfalls einer Amtsperson bei einer Verkehrskontrolle. So sehen Sie nun wirklich nicht aus!

Und doch trägt jeder von uns noch ein weiteres Porträt bei sich, ein Bild, das weitaus mehr Bedeutung hat als jedes Foto in unserer Brieftasche. Die Psychologen nennen dieses geistige Abbild unserer selbst unser *Selbstbild*.

Nun kann es sein, daß mancher unter uns das Bild im Führerschein gar nicht so schlecht findet. Und einigen unter uns gefällt auch das innere Selbstporträt. Doch die meisten Menschen wären entsetzt, wenn unser Herz sich wie eine Brieftasche öffnen ließe und jemand durch Zufall sehen könnte, wie wir unserer Meinung nach aussehen. Darüber hinaus gibt es auch Menschen, deren Selbstbild völlig aus der Form geraten ist wie ein Foto, das zu lange in einer Brieftasche gesteckt hat.

Ich brauche hier wohl nicht zu erwähnen, daß schöne Frauen oder gutaussehende Männer es im allgemeinen leichter haben, von anderen beachtet zu werden, als diejenigen unter uns, die (mit weltlichen Maßstäben gemessen) mit weniger attraktiven Merkmalen ausgestattet sind. Ebenso liegen Menschen mit einem gesunden, positiven Selbstbild im Rennen des Lebens auch meistens vorn. Ob es uns gefällt oder nicht, unser geistiges Selbstporträt, das Selbstbild, hat weitreichende Auswirkungen auf unser Gefühlsleben und unser geistliches Wohlbefinden. Woher kommt das?

Es ist wissenschaftlich erwiesen, daß wir dazu neigen, gemäß unserem geistigen Selbstporträt zu handeln. Wenn wir uns nicht mögen, glauben wir, daß auch sonst niemand uns mag. Und dieses Bewußtsein wirkt sich aus auf unser soziales Verhalten, unsere Leistungsfähigkeit am Arbeitsplatz, unsere Beziehungen zu anderen Menschen.

Aus diesem Grund hat ein Autor die neuen Erkenntnisse über das Selbstbild auch als »die wichtigste psychologische Entdeckung dieses Jahrhunderts« bezeichnet. Ein christlicher Psychologe schreibt: »Ein hinreichend entwickeltes Selbstkonzept (eine andere Bezeichnung für Selbstbild) ist ein wertvolles Gut... Ein unzulängliches Selbstkonzept ist ein Handikap.«

Wann ist Ihr geistiges Selbstporträt entstanden? Wodurch wurde es geprägt?

Für alle Menschen gilt, daß das Fundament in dem Augenblick gelegt wird, da der Arzt das Kind in die Arme der Mutter legt. Zu diesem Zeitpunkt beginnen wir, eine Beziehung zu unseren Eltern und zu den anderen Mitgliedern unserer Familie zu entwickeln. Im Alter von fünf oder sechs Jahren ist unser Selbstbild, d. h. die Person, als die wir uns im Verhältnis zu anderen sehen, schon soweit ausgeprägt, daß wir Versuche, es zu ändern, nicht mehr ohne weiteres zulassen.

Kann ein gesünderes Selbstbild erworben werden?

An dieser Stelle wird wohl mancher unter Ihnen sagen: »Mein Fundament ist ja völlig schlecht! Kein Wunder, daß ich solche Probleme habe.« Vielleicht hat sogar ein Seelsorger Ihnen dies gesagt. Und daraufhin haben Sie die Hoffnung auf eine spürbare Veränderung schon fast aufgegeben. Wer kann schließlich ein Fundament neu legen?

Ich möchte Ihnen hierzu sagen, daß Ihr Selbstporträt *nicht* für immer festgelegt ist wie ein Foto in Ihrer Brieftasche. Sie haben die Möglichkeit, es zu verändern. Sie können ein genaueres und gesünderes Bild Ihrer eigenen Persönlichkeit entwickeln. Gewiß gibt es Schwächen, dunkle Stellen und natürliche Neigungen, die das Bild gelegentlich verzerren können, doch wenn Sie lernen, sich selbst zu sehen, wie Gott Sie sieht, wird dieser Verzerrungsfaktor allmählich immer mehr an Bedeutung verlieren.

Ist Ihnen schon einmal aufgefallen, welch einen Unterschied die richtige Beleuchtung auf einem Foto bewirken kann bzw. wie sehr ein dunkler Schatten die Aufnahme entstellt? Die gute Nachricht vom unermeßlichen Wert, den wir in Gottes Augen haben, kann unser inneres Selbstporträt aufhellen. Andererseits kann die Sünde als Ergebnis unserer sündigen Natur einen Schatten auf das Selbstbild werfen.

Wer mich kennt oder vielleicht meine Biographie gelesen hat, weiß, welch ein erbärmliches Fundament für ein gutes Selbstbild in meinem Leben gelegt worden ist. Hätte ich mein Selbstbild durch diese Erfahrungen prägen lassen, wäre ich ein durch und durch zorniger Mensch geworden. Aber weil ich (1) durch Jesus Christus Gott persönlich kennengelernt habe, (2) Gottes Wesen durch das Studium seines Wortes in mich aufgenommen habe und (3) die Hilfe anderer Christen zur Neugestaltung meines Selbstverständnisses annehme, sehe ich mich immer mehr so, wie Jesus mich sieht. Und was ich in meinem Selbstporträt erkenne, gefällt mir immer besser.

Eine solche Wandlung können auch Sie erleben. Sie können Ihr Selbstbild neu programmieren lassen, indem Sie die biblischen Prinzipien dieses Buches verstehen und anwenden. Ich möchte Ihnen helfen, damit Sie erkennen, wer Sie sind, dieses einmalige Wesen, als das Sie in den Augen Gottes erschaffen wurden (vgl. Römer 12, 3).

Was ist unter Selbstwertgefühl zu verstehen?

Wie Sie über sich selbst denken, d. h. Ihr Selbstbild oder Selbstwertgefühl, beeinflußt jeden Bereich in Ihrem Leben. Andere Ausdrücke, die in engem Zusammenhang mit dem Selbstwertgefühl stehen, sind das Selbstkonzept und die Selbstachtung. Diese Wörter haben zwar nicht ganz genau die gleiche Bedeutung, doch werden sie häufig wie Synonyme gebraucht.

Unser Selbstbild hat eine ganz bestimmte Struktur, die aus den Schlußfolgerungen besteht, die wir über uns selbst gezogen haben. Würden unsere Eltern und Großeltern uns beispielsweise ständig einreden, daß wir dumm seien, so würden wir irgendwann anfangen, selbst daran zu glauben und uns auch so verhalten, als wären wir wirklich dumm. Unsere Zensuren in der Schule würden unsere Meinung über uns selbst widerspiegeln.

Stellen Sie sich vor, Sie sind eine junge Hausfrau mit wenig Erfahrung im Kochen. Würde Ihr Mann Sie in dem Gefühl, niemals eine so gute Köchin wie seine Mutter zu werden, noch bestärken, dann könnte es sein, daß Sie die Kunst des Kochens niemals erlernen. »Alles, was ich koche, schmeckt abscheulich«, sagen Sie vielleicht zu sich und zu anderen (wodurch sich Ihre Meinung bezüglich Ihrer Kochkünste nur noch verhärtet). In Wirklichkeit sind Sie wahrscheinlich sehr wohl in der Lage, das Kochen zu lernen, aber Ihr Gefühl der Unfähigkeit verhindert jeglichen Erfolg. Die Ursache dieses mangelnden Selbstvertrauens liegt sowohl in Ihrer Vergangenheit als auch in der Gegenwart.

Obgleich unsere Gefühle über uns selbst tief in unserem Bewußtsein und Unterbewußtsein verwurzelt sind, besteht doch Grund zur Hoffnung. Ein Teil unseres Selbstbildes ist nämlich dynamisch und ständig im Wandel begriffen. Dieser Teil wächst und entwickelt sich ständig weiter mit allen Wechselbeziehungen des täglichen Lebens. Er ist vergleichbar mit einem Gewebe, das gewebt und auf einen festen inneren Rahmen gespannt wird. Dieses Gewebe stellt das äußere (bewußte) Verständnis unserer Persönlichkeit dar.

Eine Frau aus meinem Bekanntenkreis war umgezogen. Sie hatte an ihrem früheren Wohnort einer Kirchengemeinde angehört, in der man eine höchst kritische, perfektionistische Einstellung hatte. Während der Jahre, die sie dort lebte, hatte sie permanent unter dem Gefühl gelitten, sich ständig beweisen zu müssen. Ihr Selbstwertgefühl hatte immer wieder der Stärkung durch ihren Mann und ihre Kinder bedurft. Ihre neue Gemeinde bereitete ihr einen warmen und herzlichen Empfang. Sie brauchte sich nicht mehr zu beweisen, und so fand sie dort sehr bald eine Aufgabe, die sie erfüllte und die ihren Wert erheblich bestätigte. Ihr Selbstwertgefühl erfuhr eine beträchtliche Aufwertung, weil sie sich angenommen fühlte, genauso wie Gott sie auch annahm, so wie sie war.

Wir segeln auf stürmischer See

Die feste, innere Struktur unseres Selbstbildes, die in den ersten Lebensjahren gebildet wird, ist vergleichbar mit den Masten eines großen Segelschiffes. Die an den Masten gehißten Segel sind das sich wandelnde Gewebe des Bildes, das wir von uns haben. Die Segel gleiten an den Masten auf und ab und drehen sich mit dem Wind. Unser Selbstbild schrumpft und wächst mit den täglichen Wechselbeziehungen.

Erleben wir positive Reaktionen aus unserer Umgebung, haben wir Rückenwind und eine gute Meinung von uns. Wir fühlen uns gut und sind von dem, was wir mit unserem Leben anfangen, überzeugt. Unser Schiff fährt mit vollen Segeln. Es gibt auch Zeiten, da unser Schiff aufgrund mangelnder Kontakte oder mangelnder Beziehungen zu Freunden oder Menschen, die uns etwas bedeuten, in eine Flaute gerät. Und dann gibt es noch Zeiten, in denen wir in einer aufgewühlten See hin und her geschleudert werden, getrieben von den rauhen Winden der Kritik und der Vorwürfe, denen die anderen – oder auch wir selbst – uns aussetzen.

In den Stürmen des Lebens kommt es auch vor, daß die Segel reißen. In einem besonders verheerenden Sturm – Scheidung, Verlust des Arbeitsplatzes, Tod eines geliebten Menschen – strandet so manches Schiff auf felsigem Grund, oder ein Mast bricht. Diese Schiffe lassen sich reparieren, doch der Wiederaufbau ist häufig eine langwierige und mühevolle Angelegenheit. Unsere Masten sind jedoch in den meisten Fällen so ausgelegt, daß die Segel sich an ihnen aufblähen können. Nur selten kommt es vor, daß ein Segel zerreißt.

Menschen mit einem guten, gesunden Selbstwertgefühl empfinden sich selbst als wertvoll. Sie glauben, daß sie eine Bedeutung haben, ja sogar, daß die Welt ein wenig besser ist, weil sie in ihr leben. Diese Menschen sind in der Lage, mit anderen Menschen eine Beziehung aufzubauen und auch den Wert anderer zu erkennen. Sie strahlen Hoffnung, Freude und Vertrauen aus. Sie sind sich ihrer Gefühle bewußt. Sie nehmen sich selbst als Menschen an, an denen Gott seine Freude hat – ein Schiff, das mit vollen Segeln auf sicherem Kurs segelt. Sie glauben an sich selbst als liebenswerte, würdige und leistungsfähige Teile der Schöpfung Gottes, sündig von Geburt, doch erlöst und mit Gott versöhnt, auf dem Wege, so zu werden, wie er sie haben möchte.

Wir berauben uns selbst

Ein ungenügend entwickeltes Selbstbild raubt uns die Energie und die Fähigkeit, uns anderen zu widmen, weil wir nur mit unseren eigenen Unzulänglichkeiten beschäftigt sind. Dies gilt vor allem, wenn wir mit Menschen zu tun haben, die uns auf unsere Unzulänglichkeiten hinweisen und an deren Urteil uns liegt, so daß wir versuchen, dieses Urteil positiv zu beeinflussen. In solchen Situationen sind wir so gehemmt, daß wir anderen Menschen nicht genügend Aufmerksamkeit schenken können. Das Resultat ist, daß man uns entweder für gleichgültig oder hochmütig hält. Unsere Minderwertigkeitsgefühle hindern uns daran, uns zu öffnen und anderen unsere Liebe und Zuwendung zu schenken.

Ich möchte ein Beispiel nennen: Ein Student, der nach außen hin einen sehr selbstbewußten Eindruck machte, schrieb mir: »Ich halte mich für einen Versager. Ich habe solche Angst zu erfahren, was andere über mich denken. Es fällt mir schwer, mich selbst anzunehmen. Ich habe noch immer Angst, anderen in die Augen zu sehen oder einfach nur mit ihnen zusammenzusein. Ich fühle mich so wertlos. Meine Angst, von anderen zurückgestoßen zu werden, ist groß.«

Menschen mit einem verkümmerten Selbstbild schauen ständig auf die Meinungen, das Lob oder die Kritik anderer und lassen diese Faktoren über ihre Stimmungen und Gefühle im jeweiligen Augenblick entscheiden. Menschen mit einem ungenügend entwickelten Selbstwertgefühl machen sich zum Sklaven der Meinungen anderer. Sie besitzen nicht die Freiheit, so zu sein, wie sie wirklich sind.

Bernd, ein attraktiver Mann, gutgekleidet, mit sehr gepflegtem Äußeren, hat ein selbstsicheres Auftreten, das seine berufliche Tätigkeit deutlich widerspiegelt. Als Referent hält er regelmäßig für Gruppen von Geschäftsleuten Seminare ab, in denen er über Motivation, erfolgreiche Verkaufstechniken und selbstsicheres Auftreten spricht. Er hat einen festen, selbstbewußten Händedruck und andere Eigenschaften, die nach Meinung der Experten Selbstsicherheit, Erfolg und Durchsetzungsvermögen signalisieren. Warum sucht ein solcher Mensch einen Seelsorger auf?

Als er erzählt, daß seine Frau ihn ablehnt, zeigen sich in seiner selbstbewußten Fassade die ersten Risse. Der Ehekonflikt hat seine verborgenen Minderwertigkeitsgefühle zum Vorschein gebracht. Bernd gesteht, daß er Angst hat, ohne die Unterstützung seiner Frau zu versagen. Das normalerweise unverwüstliche Gewebe seines Selbstbildes ist zerrissen, und die schwache innere Struktur ist dahinter zum Vorschein gekommen.

Leider orientieren sich viele Menschen immer noch an dem Bild, das sie in ihrer frühen Kindheit von sich gewonnen haben. Dabei lassen sie völlig außer acht, daß sie als Erwachsene doch vieles erreicht haben. Viele Menschen, die nach außen hin erfolgreich erscheinen, sind innerlich ständig deprimiert und verängstigt wegen des schwachen Selbstbildes, das sie in ihrer Kindheit entwickelt haben. Die Fassade ihres Selbstbildes (die Segel des Schiffes) macht einen starken und unverwüstlichen Eindruck, doch die dahinter verborgene Struktur (die Masten) ist verbogen und brüchig. In Krisensituationen wird deutlich, wie schwach die tragenden Pfeiler ihres Selbstwertgefühles in Wirklichkeit sind.

Menschen mit einem geringen Selbstwertgefühl leben ständig in der Erwartung, betrogen, zurückgestoßen und abgelehnt zu werden. Da sie mit dem Schlimmsten rechnen, bringen sie sich häufig selbst gerade in die Situationen, vor denen sie sich fürchten. Sie steigern sich in selbstzerstörerische Verhaltensweisen, in Mißtrauen und Argwohn hinein. Sie sind ständig auf der Suche nach Anerkennung, meinen aber gleichzeitig, ihrer nicht würdig zu sein. Nehmen wir Karins Beispiel: Als sie die Beratungsstelle aufsuchte, hatte sie Ähnlichkeit mit einem Storch: groß, schlaksig und mit krummer Haltung. Ihre Körperhaltung spiegelte ihre tiefverwurzelten Minderwertigkeitsgefühle und ihren depressiven Zustand wider. Ihrer Kleidung konnte man die Armut und das Leben auf einer Farm ansehen. Ihr Verhalten zeigte, daß sie sich alles andere als wohl fühlte. Sie hatte etwas Kindliches an sich – wie ein völlig verängstigtes Kind ohne Zuhause –, und ihre Blicke wanderten rastlos im Zimmer umher.

Alles an Karin schien zu sagen: »Kein Mensch würde mich auch nur ansehen wollen, geschweige denn, Gefallen an mir finden. Kein Mensch würde mich als wichtig genug erachten, um mir seine Aufmerksamkeit zu schenken.« Sie war zur Beratung gekommen, weil sie sicher war, daß ihr Mann, ein Pfarrer, seines Amtes enthoben würde, wenn herauskäme, daß sie Dinge tat, die inzwischen schon zu Zwangshandlungen geworden waren – Ladendiebstahl und in der letzten Zeit auch die Mißhandlung eines Kindes, das ihr anvertraut war.

Karins negatives Selbstbild hatte bei ihr zu einem Mangel an Selbstwertgefühl geführt. Das hatte zu ihren sündhaften Handlungen und Gewohnheiten beigetragen, und diese wiederum verstärkten ihr negatives Selbstbild nur noch mehr.

Ist es Karin inzwischen gelungen, ihr Selbstbild zu verändern? Wenn Sie sie heute wiederträfen, würden Sie sie nicht erkennen. Aus ihr ist eine lebenssprühende Pfarrfrau geworden, eine liebende Mutter mit drei eigenen Kindern.

Wir betrachten das Leben durch eine Brille hindurch

Unser Selbstbild ist vergleichbar mit einer Brille, durch die wir die Wirklichkeit betrachten. Geleitet von dem, was wir durch unsere Brille sehen, entscheiden wir uns für ein Verhalten, das unserer Ansicht nach der jeweiligen Situation angemessen ist. Wenn nun unsere Brille ein verzerrtes Bild von der Situation wiedergibt, steht unser Verhalten nicht mehr im Einklang mit der Wirklichkeit. Je gesünder unser Selbstbild ist, um so unverfälschter ist der Eindruck, den wir durch unsere Brille hindurch von der Wirklichkeit sehen, und um so angemessener ist auch das daraus resultierende Verhalten.

Es ist wie mit dem Beispiel von dem schwarzen Punkt auf einem weißen Blatt Papier. Manche sehen nur den schwarzen Punkt und konzentrieren sich ganz auf ihn. Andere wiederum sehen die große weiße Fläche, auf die sie sich konzentrieren. Es kommt immer auf die Perspektive an.

Das gleiche gilt auch für das Selbstwertgefühl eines Menschen wie Marion, einer attraktiven Frau Ende zwanzig. Ihre Körperhaltung und die angespannte Gesichtsmuskulatur verraten ganz deutlich, wo ihr Problem liegt. Seit einigen Jahren schon reden ihre Freunde auf sie ein, sie solle sich helfen lassen, um ihr Selbstwertgefühl zu stärken. Obgleich sie viele Freunde hat, ist sie doch so sicher, nicht liebenswert zu sein, daß sie sich weigert zu glauben, es gäbe auch nur einen Menschen, der sie wirklich gern habe.

Marion ist ein Beispiel für einen Menschen, der gemäß seinem Selbstbild handelt. Sie denkt und handelt in einer sexuell entwürdigenden Weise, genau wie die Person, für die sie sich selbst hält. Ihr begrenztes Blickfeld bewirkt, daß sie sich noch stärker auf diese erniedrigenden Handlungen ihres Lebens konzentriert – wodurch ihr Selbstbild noch weiter verzerrt wird.

Wer sich als Versager betrachtet, wird auch einen Weg finden zu versagen, ganz gleich, wie sehr er sich den Erfolg auch wünschen mag. Wer sich im Gegenteil als wertvoll und tüchtig einschätzt, lebt optimistischer und ist leistungsfähiger.

Auf welches Selbstbild wir uns auch immer konzentrieren, es wird eine Schlüsselrolle spielen und entscheiden, wieviel Glück und Erfolg uns in unserem Leben beschieden wird. John De Vines, Autor des Buches »How Much Are You Worth?« (»Wieviel bist du wert?«)[1], faßt die Bedeutung dieser Feststellung zusammen. Das Bild, das wir von uns selbst haben, so schreibt er, ist »viel entscheidender, als allgemein angenommen wird.« Er schreibt:

»Die Antwort auf die Frage, wieviel ich wert bin, entscheidet,
ob ich fröhlich oder traurig bin,
aufgeregt oder deprimiert,
verliebt in das Leben,
oder ob ich daran denke, Selbstmord zu begehen.

Wenn ich meine, daß ich wertvoll bin – sehr wertvoll –,
werde ich an meinem Arbeitsplatz viel leisten,
besser mit meinem Ehepartner auskommen
und mich unbeschreiblich wohl fühlen.
Wenn ich aber glaube, wertlos zu sein,
fehlt mir die Motivation zur Arbeit,
und ich bin überzeugt, daß alles, was ich anfange, mißlingt.«

Schritte zu einem besseren Selbstbild

Baustein eins

Denken Sie über Ihr eigenes Selbstbild nach, um Ihren jetzigen Standpunkt herauszufinden. Sind Sie zufrieden mit dem, wer Sie zu diesem Zeitpunkt Ihres Lebens sind (vorausgesetzt, Sie streben ein weiteres persönliches Wachstum in der Zukunft an)? _____
Haben Sie (oder bekämpfen Sie) ein überzogenes Bild von dem Menschen, der Sie sind, wenn Sie sich mit anderen vergleichen? _____
Haben Sie eine Abneigung gegen das Bild, das Sie von sich selbst haben? _____

Schreiben Sie fünf Stärken und fünf Schwächen auf, die Sie Ihrer Meinung nach besitzen.

Stärken

_____

_____

_____

Schwächen

_____

_____

_____

Für welche Auflistung von Charaktereigenschaften haben Sie länger gebraucht? _____
Lassen sich hieraus Rückschlüsse auf Ihr Selbstbild ziehen? _____

2

Eine neue Bezeichnung für ein biblisches Konzept

Christen, die in der Seelsorge tätig oder von Beruf Lehrer sind, betrachten die Psychologie aus einer anderen Perspektive als ihre weltlichen Kollegen. Wir gehen davon aus, daß unser geistlicher Auftrag auf der Voraussetzung basiert, daß Gott seine Schöpfung, die Menschheit, liebt. Wir glauben, daß Gott sich den Menschen aus seiner großen Liebe und Barmherzigkeit zu erkennen gegeben hat und daß alles, was er geoffenbart hat, die Wahrheit ist. Diese Offenbarung zeigt sich uns auf zweierlei Weise.

Gott offenbart sich erstens durch seine Schöpfung. Im Römerbrief 1, 20 steht geschrieben, daß Gottes Wesen seit der Schöpfung der Welt aus seinen Werken, d. h. in der gesamten Natur einschließlich der Menschheit, für alle Menschen zu ersehen ist. Gott hat sich in seinen Werken zu erkennen gegeben. Man bezeichnet dies als »allgemeine Offenbarung«.

In der Heiligen Schrift heißt es auch, daß Gott dem Menschen den Auftrag gab, über seine Schöpfung zu herrschen und sie zu regieren, sie sich untertan zu machen und die Verantwortung für sie zu tragen (1. Mose 1, 28). Dieser Auftrag war der Auslöser zur Begründung der Wissenschaften und der wissenschaftlichen Methoden, mit denen die Psychologie die Menschen und ihr Verhalten erforscht.

Die zweite Weise, auf die sich Gott uns offenbart, geschieht durch die Person Jesu Christi und durch die Bibel. Man bezeichnet dies als »spezielle Offenbarung«. Viele säkulare Wissenschaftler betrachten diese Form der Offenbarung als irrelevant oder gar unmöglich. Aber wer Gott persönlich kennt und in der christlichen Seelsorge tätig ist, um den Menschen biblisch orientierte Lebenshilfe zu geben, schenkt dieser speziellen Offenbarung größte Aufmerksamkeit. Wir glauben, daß Gott uns auf diese Weise ganz konkretes Wissen vermitteln will, und zwar Wissen über das »Rätsel des Lebens«, welches durch keine andere Quelle zugänglich ist.

Wir glauben, daß die Bibel der schriftlich niedergelegte Teil der speziellen Offenbarung Gottes ist, welchen er uns als Grundlage von absoluter Wahrheit gegeben hat. Mit der Bibel können wir die Ergebnisse unserer wissenschaftlichen Forschung und unserer Studien der allgemeinen Offenbarung belegen oder verwerfen. Ohne die Bibel als Mittel zur Überprüfung unserer Erkenntnisse würden wir uns schnell im Wirrwarr unserer selbsterdachten Gedanken und Vorstellungen verstricken.

Ist dieses Konzept biblisch?

Entspringt der Gedanke des Selbstbildes nun lediglich einer launenhaften Vorstellung unseres verwirrten Geistes, ist er lediglich ein weiterer Versuch, unseren egoistischen Wunsch nach Aufmerksamkeit zu befriedigen?

Ließe sich die Existenz des menschlichen Selbstbildes durch unsere fünf Sinne erfassen – also durch Sehen, Fühlen, Hören, Tasten oder Schmecken –, so könnte man seine Existenz auch mit wissenschaftlichen Methoden beweisen. Das Selbstbild ist aber nur eine Bezeichnung, um zu erklären, wie wir uns selbst wahrnehmen. Das Selbstbild an sich besitzt keine konkrete Gestalt.

Lassen sich Argumente für die Existenz eines Selbstbildes in der speziellen Offenbarung, der Bibel, finden? Sieht die Heilige Schrift einen solchen Gedanken oder ein solches Konzept überhaupt vor? Wir wollen unsere Theologie nicht mit psychologischen Betrachtungen verwässern, doch sollten wir uns auch nicht scheuen, die Erkenntnisse der Psychologie zu untersuchen und zu prüfen, ob die Psychologie uns bei unserer Suche nach Selbsterkenntnis eine Hilfe sein kann. Wichtig ist, daß wir unsere Anschauungen, ob psychologischer Art oder nicht, unter dem Raster des Wortes Gottes überprüfen.

Im ersten Kapitel wurde das Selbstbild definiert als das, was wir von uns selbst halten – und wie wir uns wahrnehmen. Gehen wir einmal von diesem Verständnis des Selbstbildes aus, lassen sich viele Textstellen sowohl im Alten als auch im Neuen Testament finden, in denen darauf hingewiesen wird, daß wir tatsächlich über uns nachdenken und gewisse Vorstellungen von uns entwickeln. Einige Beispiele seien hier zitiert:

»Tut nichts aus Zank oder um eitler Ehre willen, sondern in Demut achte einer den andern höher als sich selbst; und ein jeder sehe nicht auf das Seine, sondern auf das, was dem andern dient. Seid so unter euch gesinnt, wie es auch der Gemeinschaft in Christus Jesus entspricht« (Phil. 2, 3–5).

»Denn ich sage durch die Gnade, die mir gegeben ist, jedem unter euch, daß niemand mehr von sich halte, als sich's gebührt zu halten, sondern daß er maßvoll von sich halte, ein jeder, wie Gott das Maß des Glaubens ausgeteilt hat« (Röm. 12, 3).

»Seid ihr nun mit Christus auferstanden, so sucht, was droben ist, wo Christus ist, sitzend zur Rechten Gottes. Trachtet nach dem, was droben ist, nicht nach dem, was auf Erden ist. Denn ihr seid gestorben, und euer Leben ist verborgen mit Christus in Gott. Wenn aber Christus, euer Leben, sich offenbaren wird, dann werdet ihr auch offenbar werden mit ihm in Herrlichkeit... und (ihr habt) den neuen (Menschen) angezogen, der erneuert wird zur Erkenntnis nach dem Ebenbild dessen, der ihn geschaffen hat« (Kol. 3, 1–4 und 10).

»Weiter, liebe Brüder: Was wahrhaftig ist, was ehrbar, was gerecht, was rein, was liebenswert, was einen guten Ruf hat, sei es eine Tugend, sei es ein Lob, darauf seid bedacht!« (Phil. 4, 8).

Noch viele weitere Textstellen (Matth. 6, 19–21, 25–34; Joh. 13, 1–3; Röm. 12, 16; Phil. 4, 7) ließen sich hier anführen, um zu zeigen, daß die Heilige Schrift der Tatsache Rechnung trägt, daß Menschen über sich selbst nachdenken und gewisse Vorstellungen von sich entwickeln und daß diese Vorstellungen das menschliche Verhalten prägen.

Darstellungen des Selbstbildes in der Heiligen Schrift

Die psychologisch orientierten Autoren der heutigen Zeit wären erstaunt, wenn sie erführen, daß der Gedanke des Selbstbildes schon lange vor dem 20. Jahrhundert existiert hat. Vor etwa 3000 Jahren formulierte König Salomo eine scharfsinnige Betrachtung über das Verhältnis zwischen dem Denken und dem Handeln eines Menschen. Salomo schrieb: »Wie er in seinem Herzen denkt, so ist er« (Sprüche 23, 7 – deutsch nach dem Text der englischen King-James-Bibelübersetzung).

Über diesen dringenden Rat König Salomos an einen Mann, der im Begriff ist, sich auf einen bösen Schwindel einzulassen, hat Dr. Earl Radmacher einen der anschaulichsten Kommentare geschrieben, die ich kenne:

»Er (König Salomo) schildert eine Situation, in der ein reicher, angesehener Herrscher versucht, einen Tischgast in eine Falle zu locken. Um dies zu erreichen, heuchelt der Reiche aufrichtiges Interesse an seinem Gast. Sobald er aber sein Ziel erreicht hat, wird er ihn wie eine heiße Kartoffel fallenlassen. König Salomo rät: ›Richte dich nicht nach dem Äußeren. Es ist nicht alles Gold, was glänzt. Ein Mensch ist nicht immer so, wie er sagt und handelt. Seine Worte und Taten sind vielleicht nur darauf abgestellt, dich zu täuschen. Im Grund ist das wahre Bild eines Menschen tief in seinem innersten Herzen verborgen.‹

Sie wissen doch sicherlich, wie so etwas geht, oder nicht? Ein Mensch kann sein schönstes Lächeln aufsetzen und einem anderen Menschen die Hand reichen, so als ob er etwas für ihn übrig hätte, doch in Wirklichkeit interessiert er sich nicht im geringsten für den anderen. Vielleicht waren Sie auch schon ein- oder zweimal in der Situation des anderen und haben dabei die Erfahrung gemacht, daß man nicht immer nach dem Äußeren gehen kann. Sie sehen, was Salomo damit meint: ›Wie er in seinem Herzen denkt, so ist er.‹

Lassen Sie mich an dieser Stelle das Wort *Herz* genauer erklären, weil es in der Zeit, als die Bibel geschrieben wurde, eine andere Bedeutung hatte als heute. Vielleicht haben Sie schon einmal zu jemandem gesagt: »Ich liebe dich von ganzem Herzen.« In biblischer Zeit hätten Sie wahrscheinlich gesagt: »Ich liebe dich von ganzer Niere« oder »Ich liebe dich von meinen ganzen Eingeweiden«. Wie Sie sehen, galten in biblischer Zeit die Nieren und die Eingeweide als Zentrum der menschlichen Zuneigung, während das Herz als das Zentrum des Verstandes galt. Was Salomo mit seinem Ratschlag: ›Wie er in seinem Herzen denkt, so ist er‹ bezweckt, ist also einfach folgendes: ›So wie ein Mensch im Zentrum seines Verstandes denkt, genauso wird er sein.‹ Die Dinge, über die er am meisten nachdenkt, sind das Rohmaterial für sein späteres Handeln.«[1]

Eine weitere Bibelstelle, in der zum Ausdruck kommt, daß wir tatsächlich ein Selbstbild haben, steht im 4. Buch Mose 13, 33. Hier heißt es: »Wir sahen dort auch Riesen, Anaks Söhne aus dem Geschlecht der Riesen, und wir waren in unsern Augen wie Heuschrecken und waren es auch in ihren Augen.« Die Kundschafter, die ausgesandt worden waren, um das gelobte Land zu erkunden, berichteten bei ihrer Rückkehr, daß Riesen in dem Land lebten; und alle außer zweien, Josua und Kaleb, waren der Meinung, daß es besser sei, nicht in das Land zu ziehen, obgleich es so reich war, wie Gott versprochen hatte. Entscheidend ist hier, daß Josua und Kaleb sich selbst ganz anders einschätzten als die anderen.

Die Mehrheit der Kundschafter kam sich beim Anblick der Riesen im Vergleich zu Anaks Söhnen wie Heuschrecken vor, und sie kauerten sich ängstlich auf die Erde. Der Text deutet an, daß das Bild, das sie von sich selbst hatten, die Sichtweise der Feinde – sie wurden dementsprechend auch als ein paar Heuschrecken angesehen – und auch ihre Perspektive der gesamten Situation beeinflußte.

Bei Josua und Kaleb wird jedoch ganz deutlich, daß sie sich nicht wie Heuschrecken fühlten. Sie sahen sich im Lichte der Gegenwart Gottes und glaubten zuversichtlich daran, daß sie stark genug waren, das Land einzunehmen. Sie schätzten sich selbst richtig ein. Dabei waren sie weder hochmütig noch übermäßig von sich eingenommen. Sie waren nicht wie die Mehrheit – ängstlich, ohne Selbstvertrauen, mit einer geringen Meinung von sich selbst und Gott. Nein, sie waren voller Gottvertrauen – nicht eingebildet, sondern ihrer selbst sicher im Herrn und gewiß, daß er seine Zusagen auch halten würde.

Weitere Bibelstellen, in denen erkennbar wird, daß das menschliche Selbstbild oder die objektive Darstellung der eigenen Person wirklich existiert, zeigen in ähnlicher Weise die Gültigkeit des Konzeptes auf.

Hierzu gehören folgende Abschnitte: Die Geschichte von Kain, als er »seinen Blick senkte« (1. Mose 4, 5–7), David, nachdem Nathan ihm seine Sünde vorgehalten hatte (2. Sam. 12; Ps. 51), Petrus, der sich zuerst mutig zu Christus bekannte und ihn wenig später verleugnete (Luk. 22, 33–34, 54–62).

Es kann sehr spannend sein, das Leben der in der Bibel beschriebenen Männer und Frauen zu verfolgen und zu untersuchen, in welchem Zusammenhang ihr Glaube mit dem Selbstbild stand. Ein gutes Beispiel sind die sehr verschiedenen Briefe, die Paulus an Titus und an Timotheus geschrieben hat. In diesen Briefen finden wir mehrere Hinweise darauf, daß Timotheus wahrscheinlich ein schwächeres Selbstbild gehabt hat als Titus.

Unter diesem Gesichtspunkt betrachtet, ist es auch verständlich, daß Paulus Timotheus an die Weissagungen erinnerte, die über ihn gemacht worden waren (1. Tim. 1, 18; 4, 14), und daß er ihn ermahnte, seine Gnadengabe der Verkündigung des Wortes Gottes beharrlich auszuüben und (so wird angedeutet) nicht zu meinen oder bei anderen den Anschein zu erwecken, er sei aufgrund seiner Jugend ein geringerer Verkündiger des Evangeliums.

An späterer Stelle gab Paulus Timotheus ausführliche Anweisungen, wie er sich gegenüber der Gemeinde zu verhalten und sein Amt auszuführen habe. Er erinnerte ihn daran, daß Gott uns nicht den »Geist der Verzagtheit« gegeben hat (1. Tim. 4. 5; vgl. 2. Tim. 1, 7).

In seinem zweiten Brief an Timotheus versuchte Paulus, Timotheus Mut zuzusprechen und seine Hoffnungen aufzubauen, indem er ihn daran erinnerte, daß er großes Vertrauen in ihn habe.

Ganz anders ist Paulus' Brief an Titus. Er sprach zu Titus nicht als Seelsorger, sondern als Apostel, und gab ihm klare und präzise Anweisungen zur Sache. Hier finden wir keine persönlichen Passagen, die etwa dazu dienten, Titus Mut zuzusprechen oder seinen Glauben zu stärken. Offensichtlich war Paulus überzeugt, daß dies nicht erforderlich sei.

Paulus bezog sich auf die Gedanken, Meinungen und Gefühle, die Menschen von sich haben sollten, als er sagte, daß jeder von uns dieselbe Gesinnung haben solle wie Jesus Christus (Phil. 2, 5–16). Paulus meinte sein eigenes Selbstbild, als er schrieb: »Durch Gottes Gnade bin ich, was ich bin« (1. Kor. 15, 10). Eine weitere Aussage des Paulus ist diese: »Ein jeder aber prüfe sein eigenes Werk; und dann wird er seinen Ruhm bei sich selbst haben und nicht gegenüber einem andern« (Gal. 6, 4).

Bisher hatten wir das Selbstbild definiert als das, »was wir selbst von uns halten und wie wir uns wahrnehmen«. Um diese Definition biblisch zu fundieren, wollen wir sie noch etwas erweitern. *Ein gesundes Selbstbild haben heißt, »sich selbst so zu sehen, wie Gott uns sieht – nicht mehr und nicht weniger«.*

Diese Definition liegt auch dem Titel dieses Buches »Werden, wie Gott mich meint« zugrunde. Mit anderen Worten: Ein gesundes Selbstbild haben heißt, sich selbst realistisch aus Gottes Perspektive zu sehen, und zwar so, wie wir in seinem Wort dargestellt sind. Ich füge den Nachsatz »nicht mehr und nicht weniger« hinzu, weil manche Menschen ein überzogenes Bild von sich haben (Hochmut), während andere ein selbstverachtendes Bild von sich haben (falsche Bescheidenheit). Manchmal ist die Ursache dieser Störung übertriebener Stolz oder auch Unwissenheit. Was wir brauchen, ist eine realistische und biblisch orientierte Sichtweise.

In der heutigen Gesellschaft wird eine unbiblische Sichtweise propagiert. Häufig werden Behauptungen über die Menschheit aufgestellt, die zwar biblisch klingen, doch jeglicher biblischen Grundlage entbehren. Einige dieser Behauptungen sind unglaublich anmaßend. Wir wollen nun von der oben zitierten Definition des »gesunden Selbstbildes« ausgehen, d. h. *sich selbst so sehen, wie Gott uns sieht – nicht mehr und nicht weniger.* Auf diese Weise gelangen wir zu korrekten, biblisch fundierten Aussagen über unsere Gefühls- und Gedankenwelt.

Sind Selbstwertgefühle mit der Bibel vereinbar?

Viele Christen verspüren ein Unbehagen, wenn es darum geht, Selbstwertgefühle auch nur zuzulassen. Sie wehren sich entschieden dagegen, sich selbst zu lieben oder anzunehmen. Aus ihrer theologischen Sicht betrachten sie sich immer nur als unbedeutende Würmer, die zertreten werden, als wertlose Sünder, die lediglich die Hölle verdienen. Es fällt ihnen schwer, den Gedanken eines positiven Selbstbildes mit dem in Einklang zu bringen, was sie von der Bibel wissen. Sie zitieren gern den Vers aus dem Römerbrief 12, 3: »... daß niemand mehr von sich halte, als sich's gebührt zu halten, sondern daß er maßvoll von sich halte, ein jeder, wie Gott das Maß des Glaubens ausgeteilt hat« und sagen dann: »Sehen Sie, man soll keine zu hohe Meinung von sich haben; man soll sich selbst eher erniedrigen.«

Weltliche Psychologen unserer Zeit sehen Unstimmigkeiten in dieser theologischen Denkweise. Der Psychologe Rollo May schreibt:

»In den Kreisen, in denen man Selbstverachtung predigt, wird natürlich nie erklärt, warum ein Mensch so ungehobelt und rücksichtslos sein darf, anderen seine Gesellschaft zuzumuten, die er selbst doch so langweilig und öde findet. Die Vielzahl

34

von Widersprüchen schließlich, die in einer Doktrin entstehen, die uns lehrt, das eine Selbst, das »Ich«, zu hassen und alle anderen zu lieben, wird niemals aufgeklärt. Offenbar wird sogar erwartet, daß die anderen uns gehässige Geschöpfe lieben sollen oder daß wir, je mehr wir uns selbst hassen, um so besser imstande sind, diesen Gott zu lieben, der den Fehler machte, in einem unbedachten Moment diese verachtenswerte Kreatur »Ich« zu erschaffen.«[2]

Im Römerbrief 12, 3 sagte Paulus nicht, daß wir keine hohe Meinung von uns haben sollten. Er sagte vielmehr, wir sollen nicht mehr von uns halten, als »sich's für uns gebührt«. Mit anderen Worten, wir sollen uns realistisch einschätzen und uns dabei an der Bibel orientieren. Aus diesem Grunde fügte Paulus hinzu, daß wir »maßvoll von uns halten sollen«, um zu einer ausgewogenen Beurteilung zu kommen.

Im griechischen Urtext steht für das Verb »halten« ein Wort, das soviel heißt wie: »Eine Person in einer bestimmten Weise beurteilen oder wahrnehmen«.[3] Römer 12, 3 bedeutet also, eine Meinung, eine Beurteilung oder ein Gefühl über sich selbst entwickeln. Paulus kommt es darauf an, daß wir diese Meinung oder dieses Selbstbild als Ergebnis einer realistischen Selbsteinschätzung entwickeln.

Paulus' Absicht an dieser Stelle war es nicht, die Menschen in der Meinung zu bestärken, man dürfe kein positives Selbstbild haben. Im Gegenteil, wir sollen ein gesundes Selbstbild entwickeln, eine Einschätzung unserer selbst, die mit dem übereinstimmt, was Gott über uns sagt. Gewiß lag Paulus auch daran, die Gläubigen vor Hochmut und Überheblichkeit zu warnen. Aber umgekehrt warnte er auch vor falscher Bescheidenheit und Selbstverachtung. Hier sehen wir, daß Paulus erkannt hatte, wie wichtig es ist, ein angemessenes Selbstbild zu haben – ein Selbstbild, das auf einer ehrlichen und realistischen Einschätzung der eigenen, gottgegebenen Gaben und Fähigkeiten beruht. Unsere Aufgabe ist es dann natürlich auch, diese Gaben zum Wohle des gesamten Leibes Christi einzusetzen.

Es ist offenkundig, daß die Menschen sehr unterschiedliche Begabungen, geistliche Gaben und Fähigkeiten besitzen. Paulus war sehr um die Einigkeit im Leib Christi besorgt. Der Schlüssel zur Einigkeit angesichts einer solchen Mannigfaltigkeit liegt für die Christen darin, daß sie sowohl sich selbst ehrlich beurteilen als auch die Gaben, die Gott ihnen anvertraut hat, *damit sie ihm dienen*. Dabei sollen sie jedoch nicht der Versuchung erliegen, sich mit anderen zu vergleichen, um zu sehen, ob sie ihnen überlegen oder unterlegen sind. Paulus schrieb, daß diejenigen, die sich mit anderen vergleichen, »nichts verstehen« (2. Kor. 10, 12). Er betonte auch, daß wir unsere Gaben und Fähigkeiten nicht mit dem Ziel messen sollten, uns zu rühmen oder uns über andere zu erheben. Statt dessen sollten wir uns und unsere gottgegebenen Fähigkeiten als die Grundlage für den Dienst an anderen betrachten.

Habe ich eine Bedeutung für Christus?

Das Gefühl, Christus und unseren Mitmenschen etwas zu bedeuten, sollte eigentlich die normale Erfahrung in unserem Leben sein. Es ist eine wundervolle Erfahrung, sich selbst ehrlich einschätzen zu können und sich dabei wohl zu fühlen als der Mensch, der man ist.

Christen, die glauben, sich selbst verneinen und erniedrigen zu müssen, vergessen dabei, daß die Menschheit für Gott großen Wert hat. Dieser Wert besteht nicht aus dem, was wir selbst aus uns gemacht haben, sondern aus dem, was Gott für uns und an uns getan hat. Wir sind gefallene Sünder, doch wurden wir nach dem Bilde Gottes erschaffen. Wir waren in der Tat die Krönung seiner Schöpfung – was der gesamten Menschheit ihren eigentlichen Wert verleiht.

Die Bibel weist darauf hin, daß der Mensch für Gott in vielerlei Hinsicht etwas Besonderes ist. Er ist der Höhepunkt der Schöpfung (1. Mose 1), geschaffen nach dem Bilde Gottes (1. Mose 1, 27). Jeder von uns hat die Möglichkeit, Gottes Kind zu werden (Joh. 1, 12–13).

Francis Schaeffer formulierte dies so: »Der Mensch ist sündig und wunderbar.« Im Alten Testament staunte der Psalmist, daß wir »wenig geringer gemacht wurden als Gott« (Ps. 8, 6) und daß Gott für uns einen bestimmten Auftrag hat (1. Mose 1, 28). Auch die Verfasser des Neuen Testaments betonen, daß der Mensch ein Geschöpf ist, das für Gott besonderen Wert hat. Für uns hat Gott den Erlöser in diese Welt gesandt (Joh. 3, 16). Als erlöste Menschen stehen uns sogar Engel zur Seite, die über uns wachen (Heb. 1, 14; Ps. 91, 11–12; Dan. 6, 23; vgl. Matth. 4, 11). Jesus selbst ist es, der uns eine Stätte in der Ewigkeit bereitet (Joh. 14, 1–3).

Hieraus geht deutlich hervor, daß der Mensch für Gott einen Wert hat, sowohl der einzelne als auch die gesamte Menschheit.

Der Gedanke des Selbstwertgefühls ist der Heiligen Schrift nicht fremd. Er ist sogar eng mit dem Kerngedanken des göttlichen Erlösungsprozesses verknüpft. Der eine, der für unsere Erlösung einen hohen Preis bezahlt hat, kennt unseren wirklichen Wert. Der Preis, den er für Sie und mich bezahlt hat, ist *Jesus* (1. Kor. 6, 20; 1. Petr. 1, 18–19). Wenn Sie sich jemals ein Preisschild umhängen wollten, so müßte die Aufschrift »Jesus« lauten. Sein Tod am Kreuz war die Bezahlung unserer Sünden.

Sie sind für Gott »soviel wert wie Jesus«, denn dies ist der Preis, den er für Sie bezahlt hat. Das ist seine Aussage über Ihren Wert. Und Gottes Sicht von Ihnen und Ihrem Wert ist die Wahrheit.

Wir sollten uns jedoch darüber im klaren sein, daß wir diesen inneren Wert nur durch das, was Gott für uns getan hat und wozu er uns gemacht hat, besitzen. Es handelt sich also nicht um einen von uns selbst erworbenen Wert – nicht um etwas, das *wir* getan oder nicht getan haben, um es uns zu verdienen. Im Epheserbrief 1, 18 schrieb Paulus über unseren inneren Wert: »Ich möchte, daß ihr erkennt, daß Gott reich geworden ist, weil wir, die wir Christus angehören, sein Eigentum wurden« (deutsch nach dem englischen Text der Living Bible).

Wir sehen also, daß die Bibel dem Begriff des Selbstwertes Rechnung trägt, ohne die Sündhaftigkeit des Menschen in Abrede zu stellen. Seit Jahrtausenden ringen Philosophen und Theologen mit diesen beiden gegensätzlichen Aspekten des menschlichen Wesens. Einerseits haben die Menschen, die ja nach dem Bilde Gottes geschaffen wurden, großen Wert und sind zu freundlichem, gütigem, liebevollem Verhalten fähig. Andererseits sind die Menschen schuldig geworden, sündig, und tragen die Verantwortung für die grausamsten Vergehen in der Geschichte. Wir haben Menschen wie Nero und Hitler hervorgebracht. In der Würde und dem Wert der Menschheit im Gegensatz zu ihrer Sündhaftigkeit, ihrem Egoismus und Hochmut liegt die große Widersprüchlichkeit der Geschichte.

Doch Gott erweist seine Barmherzigkeit an diesen Menschen, die doch Sünder sind und sich schuldig gemacht haben, indem er sie als so wertvoll erachtet, daß er sie »freikaufen« möchte, auch wenn der Preis etwas so Kostbares ist wie das Blut Jesu (siehe Lukas 15). Dies ist der eine und einzige Ausweg aus der Paradoxie der menschlichen Natur – einer Paradoxie, für die weltliche Psychologen bisher keine Erklärung gefunden haben. Nur durch das Eingreifen eines liebenden Gottes können die beiden gegensätzlichen Aspekte der menschlichen Natur versöhnt werden. Diese Versöhnung ist eine göttliche Lösung, die mit dem menschlichen Intellekt und Verstand nicht zu erfassen ist.

Ist Selbstwertgefühl nicht gleichbedeutend mit Hochmut?

Die Unterscheidung zwischen Selbstwertgefühl und Hochmut ist für manche Christen schwer nachzuvollziehen, doch unterliegen beide Begriffe ganz verschiedenen Vorstellungen. *Selbstwertgefühl* ist das Bewußtsein, daß der Mensch fundamentalen Wert besitzt, weil er von Gott nach seinem Bilde geschaffen wurde und weil Jesus für seine Sünden gestorben ist.

Hochmut ist auf das Selbst gerichtet. Er wurzelt in der Freude, die der Mensch an sich selbst hat aufgrund dessen, was er glaubt, mit seinem Leben anfangen zu können oder schon aus ihm gemacht zu haben. Hochmut ist ein Gefühl der Überlegenheit, eine aufgeblähte Gesinnung, die sich in einer arroganten, unrealistischen Einschätzung der eigenen Person im Verhältnis zu anderen manifestiert (1. Kor. 4, 6–7, 18–19; 5, 2; 8, 1–2; 13, 4). In der gesamten Heiligen Schrift finden wir Ermahnungen, die auf Gottes Mißfallen an Überheblichkeit und hochmütiger Gesinnung hinweisen: »Gott widersteht den Hochmütigen, aber den Demütigen gibt er Gnade« (1. Petr. 5, 5; Jak. 4, 6 und 10). »Hochmut kommt vor dem Fall« (Spr. 16, 18).

Manchmal lassen sich Christen dazu verleiten, die Hochachtung oder das Lob anderer für sich allein zu beanspruchen und nicht Gott für das zu preisen, was er in ihrem Leben getan hat. Solches Denken ist eine Perversion von Galater 1, 24: »Und (sie) priesen Gott über mir« und eine Verdrehung der Antwort des Psalmisten: »Ich danke dir dafür, daß ich wunderbar gemacht bin« (Ps. 139, 14).

Das vorliegende Buch soll kein Versuch sein, Hochmut oder falsche Bescheidenheit zu befürworten, sondern es will den Leser ermutigen, in Wertschätzung, Dankbarkeit und Freude all das zu würdigen, was Christus an einem jeden von uns getan hat.

Unser Erfolg kommt durch Christus

In der heutigen Zeit hört man von Christen immer wieder, daß es wichtig sei, erfolgreich zu sein und Siege zu erringen. Auch diese Einstellung birgt die Gefahr des Hochmuts in sich, wenn die Betonung auf dem Ziel oder dem Endresultat liegt, und nicht auf der Quelle des Erfolges, Jesus Christus. Um ihre These, daß Christen Sieger sein sollen, zu bekräftigen, führen manche Christen Bibelverse an wie: »Gott... (gibt) uns den Sieg durch unseren Herrn Jesus Christus« (1. Kor. 15, 57) und »Aber in dem allen überwinden wir weit durch den, der uns geliebt hat« (Röm. 8, 37). Manchmal verschiebt sich hier jedoch die Betonung auf das Siegen, und der Gedanke, der in beiden Versen gleichermaßen vorkommt und die Grundlage für jeden Sieg ist, nämlich das »durch Christus«, verliert an Gewicht. Wenn die Betonung nicht auf dem Satzteil »durch Christus« liegt, kann die Lehre, daß Christen Sieger sein sollen, eine hochmütige Gesinnung begünstigen. Liegt die Betonung jedoch auf »durch Christus«, so fördert diese Lehre die Entwicklung eines gesunden Selbstbildes und führt zu einem Leben im Glauben zur Ehre Gottes.

Hochmut ist das Ergebnis einer Verherrlichung der eigenen Person, zu der es kommen kann, wenn wir nicht erkennen, wer uns so geschaffen hat, wie wir sind. Elizabeth Skoglund schreibt:

> »Viele Menschen sind nicht in der Lage, zwischen Hochmut, Demut und guter Selbstachtung zu unterscheiden. Das Problem ist nicht, daß *Selbstachtung* etwa im Gegensatz zur Heiligen Schrift stünde, sondern daß die Wörter Hochmut und Demut nicht richtig, im vollen Lichte der Bibel, verstanden werden. *Hochmut* im biblischen Sinne beinhaltet eine nicht ehrliche Beurteilung der eigenen Persönlichkeit. Echte *Demut* hingegen ist ganz einfach die fehlende Konzentration auf die eigene Person. Es bedeutet, daß ich mich zwar selbst mag und mich selbst auch akzeptiere, daß ich aber nicht ständig das Gefühl habe, mir selbst oder anderen meinen Wert unter Beweis stellen zu müssen« (Hervorhebungen hinzugefügt).[4]

Ich möchte sogar soweit gehen, Demut zu definieren als »wissen, wer man ist; wissen wer einen so gemacht hat, wie man ist, und Gott dafür preisen«. Irgendwie assoziieren wir mit Demut häufig eine Art Selbsterniedrigung. »Ich mache alles verkehrt; ich bin ein Versager; ich bin ein Sünder; Gott kann mich nicht gebrauchen«, und so geht es endlos weiter. Wahre Demut hingegen erkennt nicht nur die eigene Sündhaftigkeit, die eigenen Unzulänglichkeiten oder Gefühle der Unvollkommenheit, sondern bekennt sich auch zu dem Bild Gottes, das in uns ist, zu den eigenen, gottgegebenen Fähigkeiten, Begabungen und der individuellen Persönlichkeit. In Demut bekennen wir uns zu unseren Schwächen und Stärken, zu unseren Unzulänglichkeiten und Fähigkeiten, zu unseren Grenzen und zu unserer Einmaligkeit, und all dies geschieht im Lichte des Menschen, der wir in Christus sind. Demut heißt also nicht nur, Gott dankbar zu sein für die eigenen Fähigkeiten, sondern auch ihm die Unzulänglichkeiten anzuvertrauen.

Auf der Evangelistenkonferenz, die 1983 in Amsterdam stattfand, erlebte ich ein deutliches Beispiel für Demut. Dort waren viertausend Evangelisten aus der ganzen Welt versammelt; die meisten kamen aus Ländern der Dritten Welt. Während der Frage- und Antwortstunde mit Billy Graham rief ein Afrikaner: »Billy, wenn Sie nicht ein Weißer und Amerikaner wären, wo wären Sie dann heute?« Man merkte sehr genau, wie die Frage gemeint war. Die Menge wurde ganz still und wartete gespannt auf Billy Grahams Antwort. Ohne zu zögern erwiderte dieser liebevoll und bestimmt: »Was ich bin, das bin ich durch die Gnade Gottes.«

Einen Augenblick lang herrschte Schweigen, dann folgte langanhaltender Beifall. Billy Graham weiß, wer er ist, wer ihn zu dem machte, der er ist, und dafür preist er Gott. Ein gesundes Selbstbild läßt erkennen, daß Christus in uns wirkt.

Demut ist häufig der Kanal für Gottes Verherrlichung. Unser Schöpfer wird nicht nur durch unsere Begabungen verherrlicht, sondern auch durch unsere Schwächen. Dies ist die bemerkenswerte Erkenntnis, die meiner von Joe Musser geschriebenen Biographie zugrunde liegt. Joe Musser weist darauf hin, daß gerade meine vielen Schwachstellen und Grenzen zu meinen größten Stärken in der Verherrlichung Gottes geworden sind. Wir alle haben Grenzen und Schwächen. Es kommt nur darauf an, wie wir damit umgehen. Wenden wir uns angewidert ab, oder nehmen wir diese Schwachstellen realistisch an und versuchen, uns in diesen Punkten zu ändern?

Ein gesundes Selbstwertgefühl ist ein wesentliches Mittel, um Gott näherzukommen; es erhöht unser Bild von Gott, der uns so wertvoll machte. Hochmut hingegen macht uns selbstgefällig und verleitet uns dazu, das Recht Gottes, Herr über unser Leben zu sein, an uns zu reißen. Ein gesundes Selbstbild erhöht in unserem Bewußtsein den Wert der anderen, die wir »höher achten sollen als uns selbst«.

Ohne ein gesundes Selbstbild sind wir ausschließlich mit uns selbst beschäftigt und konzentrieren uns nur auf unsere eigenen Bedürfnisse. Wir sind ständig darauf bedacht, uns »ins rechte Licht zu rücken«, um von anderen akzeptiert zu werden.

Wenn wir uns aber so sehen, wie Gott uns sieht, und erkennen, wer wir wirklich sind – etwas Einmaliges, nach dem Bilde Gottes geschaffen, geliebt und angenommen, versöhnt mit Gott –, dann sind wir frei von aller Sehnsucht und können uns anderen Menschen widmen.

Die Fähigkeit zum Dienen setzt offenbar ein gesundes Selbstbild voraus. Fühlen wir uns von anderen bedroht, weil wir nur ein schwaches Selbstbild besitzen, werden wir normalerweise versuchen, diese Bedrohung zu überwinden, indem wir andere bloßstellen oder uns selbst in ein möglichst günstiges Licht rücken. Auch die Rolle des Dienens wird häufig als Bedrohung empfunden, wenn wir dabei das Gefühl haben, daß einer anderen Person mehr Bedeutung beigemessen wird als der eigenen. Manche Christen mit verkümmertem Selbstbild glauben, daß sie bei Gott und den Menschen höhere Achtung finden, wenn sie dienen. Ein Christ mit gesundem Selbstbild wird jedoch mit Freuden bereit sein, anderen zu dienen, ohne daß damit irgendwelche Bedingungen verbunden wären.

Welche Art der Selbstliebe ist akzeptabel?

Eine Prämisse, die sowohl aus biblischer als auch aus psychologischer Sicht Gültigkeit besitzt, ist die, daß wir andere nur lieben können, wenn wir uns selbst angenommen haben. Fünfmal kommt der Satz »Liebe deinen Nächsten wie dich selbst« in der Bibel vor (3. Mose 19, 18; Matth. 19, 19; Mark. 12, 31; Luk. 10, 27; Röm. 13, 9). Jesus bezeichnet ihn als das zweithöchste Gebot. Heute wird dieser Satz häufig in christlichen Kreisen zitiert, um den Gedanken des Selbstwertgefühls oder der Selbstliebe zu untermauern.

Zunächst müssen wir allerdings erst einmal zur Kenntnis nehmen, daß dieses Gebot uns nicht in erster Linie auffordern will, uns selbst zu lieben. Die Selbstliebe wird einfach vorausgesetzt. Jesus und die Verfasser der Bibel gehen davon aus, daß die Selbstliebe eine ganz normale Erfahrung ist und daß die Menschen, zu denen sie sprechen oder an die sie schreiben, sich schon selbst lieben.

In seinem Brief an die Epheser formuliert Paulus eine ähnliche Feststellung: »So sollen auch die Männer ihre Frauen lieben wie ihren eigenen Leib. Wer seine Frau liebt, der liebt sich selbst. Denn niemand hat je sein eigenes Fleisch gehaßt« (Eph. 5, 28–29). Weil nun die Bibel von einer normalen, natürlichen Selbstliebe ausgeht und uns nicht auffordert, uns selbst zu hassen, können wir daraus folgern, daß ein Gefühl der Selbstliebe oder des Selbstbewußtseins durchaus im Sinne der Bibel ist. Die Bibel geht davon aus, daß uns unser eigenes Wohlergehen durchaus wichtig ist.

Wichtig ist aber zu erkennen, daß die Entwicklung eines gesunden Selbstbewußtseins nicht höchste Priorität haben darf. Ein positives Selbstbild stellt sich eigentlich schon automatisch ein, wenn wir das Ziel verfolgen, Christus kennenzulernen und seinem Bild ähnlich zu werden. *Unser oberstes Ziel ist nicht die Erlangung eines gesunden Selbstbewußtseins, sondern Christus in seiner ganzen Fülle kennenzulernen.*

Baustein zwei

Schreiben Sie Ihre Stärken vom Ende des ersten Kapitels noch einmal auf. Denken Sie dann über jeden einzelnen Punkt nach und entscheiden Sie, ob er jeweils ein Auslöser für falschen Hochmut gewesen ist (»Sieh mal, was ich habe oder was ich getan habe«) oder ob er echtes Selbstwertgefühl erzeugt hat (»Gott hat mir aus Gnade diese Eigenschaft geschenkt; damit bestätigt er den Wert, den er in mir sieht«).

Stärken	Hochmut	Selbstwertgefühl

Schreiben Sie noch einmal die Schwächen auf, die Sie am Ende des ersten Kapitels aufgelistet haben. Denken Sie anschließend über diese Schwachstellen nach und entscheiden Sie, ob Sie sie als Auslöser für Selbstverachtung oder falsche Scham benutzt haben oder ob Sie jede einzelne Schwäche Christus übergeben haben (2. Kor. 12, 9).

Schwächen	Selbstverachtung	Übergeben an Christus

3

Folgen eines negativen Selbstbildes

Welch schwerwiegende Folgen sich aus einem mangelhaften Selbstbild ergeben, zeigt sich in der Einstellung eines Menschen gegenüber seiner Umwelt. Menschen mit negativem Selbstbild haben eine ängstliche, pessimistische Einstellung gegenüber der Welt und zweifeln an ihrer eigenen Fähigkeit, mit den Herausforderungen des Lebens fertig zu werden. Jede unerwartete oder neue Situation stellt für sie eine Bedrohung ihres eigenen Glücks und ihrer Sicherheit dar und wird als scheinbar geplanter Angriff gegen die eigene Person aufgefaßt. Die Welt wird als feindliche Macht empfunden, die den Menschen einkreisen, erdrücken und vernichten will.

Johanna, eine attraktive Frau, formuliert es folgendermaßen: »Der Vergleich mit einem Wurm ist noch kein angemessenes Bild, um zu beschreiben, wie ich mich fühle. Ein Wurm kann sich im Erdreich verstecken; er läßt keine Spur hinter sich zurück. Ich bin eher wie die häßlichen, schleimigen Schnecken auf meiner Terrasse. Überall hinterlassen sie eine ekelhafte Spur. Ich bin wie sie; ich bringe nur Unglück, wohin ich auch gehe.«

Menschen wie Johanna neigen dazu, sich allen Schwierigkeiten, die ihnen begegnen, widerspruchslos zu unterwerfen, ohne auch nur den Versuch zu unternehmen, etwas zu ändern. Sie sehen sich selbst als Opfer, die hilflos in einer feindlichen Umgebung gefangen sind.

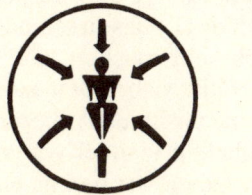 Welt

Menschen mit gesundem Selbstvertrauen dagegen sehen in der Welt eine Herausforderung, der es sich zu stellen gilt – eine Möglichkeit, persönliche Stärke und Vertrauen in Christus zu praktizieren. Diese

Menschen gehen davon aus, daß sie durch Christus etwas in der Welt bewirken können und sie durch Gottes Gnade ihre Umwelt nachhaltig verändern können. Sie glauben, daß Christus einen Plan mit ihnen hat und sie in ihrem Leben wichtige Dinge für die Ewigkeit erreichen können und auch sollen.

Welt

Ein mangelhaftes Selbstbild äußert sich bei den Menschen auf verschiedene Weise, jedoch lassen sich von Person zu Person einige Ähnlichkeiten feststellen. Manche Menschen sind sich der Auswirkungen bewußt; bei anderen bleiben die Auswirkungen unbewußt, und sie werden heimlich hintergangen.

Unser Weltbild wird durch unser Selbstbild geprägt

Unsere Wahrnehmung und Interpretation unserer Umwelt wird von dem Bild geprägt, das wir von uns selbst haben. Ein mangelhaftes Selbstbild verzerrt die Mitteilungen, die wir von unseren Mitmenschen empfangen, und unsere Interpretationsweise der Ereignisse in unserem Leben. Aus diesem Grunde ist auch ein negatives Selbstbild so schwer zu korrigieren. Es filtert jegliche positiven Mitteilungen, ob sie von Gott oder den Menschen kommen, heraus. Diese positiven Mitteilungen brauchen wir aber, wenn wir unsere Meinung über uns selbst ändern wollen.

Wer in der Beratung und Seelsorge tätig ist, kennt die Angewohnheit vieler Menschen, Äußerungen des Lobes zu schmälern oder abzuwehren, wenn man ihnen ein Kompliment machen will. Jeder von uns kennt Menschen, denen es schwerfällt, sich loben zu lassen. Ein ähnlicher Prozeß liegt vor, wenn wir keine positiven Äußerungen über uns empfangen oder hören; so wird jeglicher Wandel von vornherein verhindert. Irgendwo in unserem Innern haben wir bereits eine Entscheidung über unseren Wert getroffen. Solange sich an dieser Entscheidung nichts ändert, sind wir auch nicht in der Lage, unser Selbstbild zu verändern.

Menschen mit schwach entwickeltem Selbstbild können sich selbst nicht leiden. Es fällt ihnen sogar schwer auszudrücken, wie schlecht sie über sich selbst denken. Wie im Fall Johanna lassen sich die Gefühle dieser Menschen gegenüber sich selbst mit Selbstverachtung beschreiben.

Das Handeln von Menschen mit schwachem oder negativem Selbstbild wird von einer Kombination einer beliebigen Anzahl der folgenden Faktoren und Motivationen bestimmt:

1. Pessimistische Grundeinstellung zum Leben;
2. Mangelndes Vertrauen in die eigenen sozialen Fähigkeiten;
3. Extreme Empfänglichkeit für die Meinungen anderer Leute;
4. Befangenheit wegen der eigenen Erscheinung, Leistung oder der sozialen Stellung;
5. Die Mitmenschen werden als Konkurrenten betrachtet, die man schlagen muß, und nicht als Freunde, über die man sich freuen kann;
6. Das Gefühl, ein Mann oder eine Frau zu sein, wird durch sexuelle Eroberungen erreicht;
7. Das Bestreben, etwas oder jemand zu werden, anstatt mit Gelassenheit so glücklich zu sein, wie man ist;
8. Verdrängung der Gegenwart; statt dessen konzentriert man sich auf das in der Vergangenheit Erreichte oder auf die Träume der Zukunft;
9. Angst vor Gott bzw. die Meinung, daß er sich nicht für einen interessiert oder einem böse ist;
10. Die Angewohnheit, Gespräche oder Situationen der Vergangenheit im Geiste zu rekapitulieren und sich zu fragen, was die andere Person wohl gemeint hat;
11. Eine kritische und urteilende Haltung gegenüber anderen;
12. Abwehrhaltung im Verhalten und in Gesprächen;
13. Übermäßige Reizbarkeit;
14. Neigung zu Zornreaktionen, um sich vor persönlicher Kränkung zu schützen;
15. Neigung, Beziehungen einzugehen, in denen man sich an dem anderen festklammert;
16. Unfähigkeit, Lob anzunehmen;
17. Selbstzerstörerische Angewohnheiten und Verhaltensweisen;
18. Die Angewohnheit, sich von anderen »unterdrücken« zu lassen;
19. Angst vor dem Alleinsein;
20. Angst vor der Nähe zu anderen Menschen, denn man könnte abgewiesen oder in einer Beziehung eingeengt werden;
21. Unfähigkeit zu glauben bzw. Gottes Liebe oder die Liebe eines anderen Menschen anzunehmen;

22. Bedürfnis, sich durch materielle Güter abzusichern;
23. Unfähigkeit, Gefühle auszudrücken;
24. Angewohnheit, von der eigenen Person nur negativ zu sprechen;
25. Erwartung oder Sorge, daß das Schlimmste passiert;
26. Neigung zu angepaßtem Verhalten und Vermeidung eigenständigen Handelns;
27. Perfektionistisches Verhalten in bezug auf Kleinigkeiten;
28. Vorliebe für starre, übertrieben gesetzestreue Gottesdienstformen;
29. Interpretation der eigenen Umwelt als feindlich und übermächtig;
30. Übertragung der Verantwortung auf andere in unbequemen oder negativen Situationen;
31. Bedürfnis nach vielen Regeln;
32. Übermäßig sensibles Gewissen.

Zunächst ein Wort der Warnung. Sie sollten zu diesem Zeitpunkt die obige Auflistung nicht überbewerten. Ein mangelhaftes Selbstbild ist nicht der einzige Grund für die genannten Verhaltensweisen. Es gibt viele andere Gründe. Viele der oben beschriebenen Verhaltensweisen können zum Beispiel aus einer nicht eingestandenen Sünde oder aus innerer Rebellion heraus entstehen. Schließlich müssen nicht alle der genannten Faktoren auf einen Menschen mit extrem schwachem Selbstbewußtsein zutreffen.

Bei Menschen mit schwach entwickeltem Selbstbild beobachten wir häufig ein Phänomen, das wir die »doppelte Erniedrigung« nennen wollen: Entweder erniedrigen sie sich selbst, in der Hoffnung, daß jemand anderes ihnen widerspricht und sie aufbaut, oder sie erniedrigen eine andere Person, um sich selbst auf diese Weise aufzubauen.

Ohne die Fähigkeit zur Selbstannahme ist es schwierig, einen anderen Menschen zu lieben oder ihn auch nur anzunehmen. Ohne die gesunde Fähigkeit der Selbstannahme versuchen wir uns immer wieder uns selbst wie auch anderen gegenüber zu beweisen. Unser Lebensstil ist dann vom ständigen Streben nach dem *Nehmen* geprägt, und nicht vom *Geben*.

Wenn wir kein positives Selbstbild haben, fällt es uns schwer, uns selbst so anzunehmen, wie wir sind. Und wir können uns auch nicht vorstellen, daß andere Menschen uns so annehmen könnten, wie wir sind. Wir fangen an, das Bild eines Menschen zu projizieren, der wir in Wirklichkeit gar nicht sind. Bei Ehen, die auf einer solchen Grundlage geschlossen werden, sind die Probleme schon vorprogrammiert. Christliche Ehen sind hier nicht ausgeschlossen.

Das Selbstbild wirkt sich auf die Ehe aus

Ein mangelhaftes Selbstbild ist heutzutage einer der häufigsten Gründe für Eheprobleme. Wenn man sich selbst nicht annimmt, wie kann man dann von seinem Partner erwarten, daß er einen so annimmt, wie man ist? Man kann es nicht, und deshalb beginnt man, eine Fassade oder Barriere um sich herum aufzubauen. Das Ergebnis ist, daß der Ehepartner eine Fassade heiratet, und keinen wirklichen Menschen. Ist diese Mauer erst einmal aufgebaut, wird sie schnell immer größer, und im allgemeinen geht jegliche Vertrautheit aus der anfänglichen Beziehung schließlich verloren. Menschen, die nicht in der Lage sind, sich selbst anzunehmen, konzentrieren sich allein auf die Erfüllung ihrer eigenen Bedürfnisse (was nur selten gelingt) und nicht auf die Bedürfnisse ihres Partners. Dies geht auch aus der eingangs zitierten Passage von Rollo May hervor, in der er über Christen schreibt, die glauben, besonders christlich zu sein, wenn sie sich selbst erniedrigen.

In der von Masters und Johnson geleiteten Klinik für Sexualtherapie wird im Schnitt weniger als zehn Prozent der Behandlungszeit auf die physischen Aspekte der Sexualität verwendet. Neunzig Prozent der Zeit werden den Themen Selbstachtung und Kommunikation gewidmet. Meistens liegen die Ursachen der Sexualstörungen in diesem Bereich, und nicht im körperlichen Bereich.

Das heutige Fehlen von absoluten Maßstäben im Verein mit einem allgemeinen Mangel an Selbstbewußtsein hat dazu geführt, daß wir mit Hilfe von Sex unser Selbstbewußtsein aufzubauen versuchen. Was wir erreichen, ist aber lediglich die Erniedrigung sowohl der eigenen als auch der anderen Person.

Das Sexualverhalten unterliegt einem ständigen Leistungszwang. Der Mann muß seine Männlichkeit beweisen und zeigen, daß er in der Lage ist, eine Frau zu befriedigen. Die Frau muß beweisen, daß sie eine Frau ist und einen Mann und sich selbst sexuell befriedigen kann.

Massiver Druck entsteht aus der Feststellung heraus: »Ich kann mich selbst nicht leiden, und ich muß beweisen, daß ich einen Wert habe.« Wenn wir uns aber so sehen, wie Gott uns sieht, wenn wir wissen, wer wir sind und uns selbst akzeptieren – mit allen unseren Schwächen und Stärken – und wir gehorsam im Glauben leben, sind wir nicht mehr so sehr dem Druck unserer Mitmenschen ausgesetzt. Alleinlebende Menschen mit gutentwickeltem Selbstbild brauchen keinen Freund oder keine Freundin, um ihre Selbstachtung zu stärken. Ehepaare brauchen nicht den Partner, um sich selbst aufzubauen. Wir müssen uns vor niemandem beweisen – weder vor uns noch vor anderen –, um uns selbst annehmen zu können. Wir können damit zufrieden sein, wie Gott uns sieht.

Baustein drei

Lesen Sie Psalm 139, 13–16 (möglichst in einer modernen Bibelübersetzung). Schreiben Sie in Ihren eigenen Worten auf, was diese Verse über Sie aussagen. _____

_____

_____

_____

Sind Sie in der Lage, Gott aufrichtig dafür zu danken, daß er Sie so geschaffen hat, wie Sie sind? (Antworten Sie mit ja oder nein.) _____
Wenn Sie mit nein geantwortet haben, sind Sie dann in der Lage, ihm durch Vertrauen zu danken, indem Sie ihn bitten, Ihnen gleichzeitig den Weg zur Dankbarkeit zu zeigen? (Antworten Sie mit ja oder nein.) _____
Formulieren Sie ein Gebet, in dem Sie Gott, so gut es Ihnen möglich ist, dafür danken, daß er Sie so geschaffen hat, wie Sie sind.

_____

_____

_____

_____

4

Wie unser Selbstbild entstanden ist

Von unserer frühesten Kindheit an sammeln und verarbeiten wir Informationen von Autoritätspersonen und Gleichaltrigen, um uns bezüglich der drei wichtigen Lebensbereiche – Äußeres, Leistung, Bedeutung – einschätzen zu können. Die Gesamtheit ihrer Reaktionen macht einen großen Teil dessen aus, als was wir uns selbst sehen – unser Selbstbild.

Die Reaktionen unserer Mitmenschen sind nicht nur während der Kindheit wichtig; auch als Erwachsene sammeln wir immer noch ständig Daten, um zu bestätigen, für wen und was wir uns selber halten – mögen diese Informationen jetzt auch vielleicht aus anderen Quellen kommen. Die erste Phase der Selbsteinschätzung ist zwar schon früh im Leben abgeschlossen und das Selbstbild nur noch schwer zu modifizieren, doch suchen wir auch weiterhin Informationen von Gleichaltrigen und Freunden, um zu erfahren, welche Art von Person wir heute sind.

Wie sehe ich aus?

In seinem Buch »Minderwertigkeitsgefühle – eine Epidemie« stellt James Dobson fest, daß in unserer Gesellschaft ein ansprechendes Äußeres die persönliche Eigenschaft ist, der die größte Bedeutung beigemessen wird. Die erste Frage, die wir zu beantworten suchen, lautet: »Wie sehe ich aus?« Das Lob oder der Spott anderer ist die Grundlage für das geistige Bild unserer selbst. Wir beurteilen uns anhand der Reaktionen anderer auf unser äußeres Erscheinungsbild.

Wie bedeutsam dieser Bereich für unsere Selbstachtung ist, wird an den Millionenbeträgen deutlich, die wir jedes Jahr für Kleidung, Kosmetika und Schönheitsmittel ausgeben, und an der vielen Zeit, die wir aufwenden, um unsere Kleidung und unser Äußeres zurechtzumachen und zu prüfen. Weitere Millionen werden für Schönheitsoperationen ausgegeben. Die Menschen von heute lassen alles, von der Nase bis zum

Bauchnabel, »korrigieren«. Wenn unser Aussehen vollkommen makellos ist, glauben wir, uns wohl fühlen zu können.

Welche Bedeutung einem ansprechenden Äußeren beigemessen wird, zeigt sich am Beispiel von Susanne, einer jungen Karrierefrau, die in ihrem Beruf täglich mit anderen attraktiven jungen Frauen zu tun hatte und unter großen Schwierigkeiten zu leiden hatte, weil ihr persönlicher Eindruck, den Schönheitsidealen nicht zu entsprechen, sie unfähig machte, unverkrampft an ihre Arbeit zu gehen.

Seit ihrer Teenagerzeit hatte Susanne ihre Mutter sagen hören, daß sie nicht die richtige Figur habe. Nach den heutigen Maßstäben war sie eigentlich durchaus attraktiv. Doch trotz allem fühlte sie sich im Vergleich mit ihren Kolleginnen häßlich und minderwertig. Sie war davon überzeugt, daß sie niemals einem Mann gefallen würde, weil ihre Figur nicht »vollkommen« war. Ihre Unsicherheit wirkte sich negativ auf ihre Arbeit aus, und sie verlor schließlich ihren Arbeitsplatz.

Stefan litt unter einer entstellenden Narbe, die von einem Unfall zurückgeblieben war. Als er noch ein Kleinkind war, waren seine Lippen bei einer Explosion schwer verletzt worden. Mehrere Gesichtsoperationen blieben erfolglos. Als Teenager wurde er von seinen Schulkameraden, vor allem von den Mädchen, abgewiesen. Er zog sich in die Einsamkeit und das Alleinsein zurück. Zeitweise verbrachte er zehn bis zwanzig Stunden in der Woche damit, sich in die illusorische Welt des Films zu flüchten. In seinem Streben nach der Anerkennung der anderen führten seine entstellende Narbe und die daraus resultierende Ablehnung durch die anderen bei ihm zu einer starken Willensschwäche.

Wir alle, auch Sie und ich, werden in unserer Einstellung gegenüber uns selbst dadurch beeinflußt, wie wir unserer Meinung nach aussehen. Was wir im Spiegel sehen, messen wir am Urteil anderer, das wir hören und behalten. (Manche Menschen haben eine andere Meinung von uns, doch entweder hören wir sie nicht, oder wir überhören sie ganz bewußt.) Dies gilt vor allem für unsere Schulzeit.

Bernd hatte von seinen Eltern immer wieder gehört, er sei der hübscheste Junge in der ganzen Stadt, doch als er dann zur Schule kam, kehrten die anderen Kinder alle möglichen Fehler hervor, die er ihrer Meinung nach hatte. Es ist immer schon vorgekommen, daß Kinder weinend von der Schule nach Hause kamen, nachdem sie von anderen Kindern gehänselt worden waren, weil sie dick oder rothaarig waren, Sommersprossen oder vorstehende Schneidezähne hatten. An diese Dinge erinnern wir uns auch als Erwachsene noch.

Dieses Bedürfnis nach dem »vollkommenen« Äußeren geht über unsere unmittelbare körperliche Erscheinung sogar hinaus. Wie oft kommt es vor, daß Menschen sich sagen: »Oh, wenn ich nur dieses Auto oder diesen Freund hätte, dann würden die anderen mich akzeptieren. Dann hätte ich auch mehr Achtung vor mir selbst.«

Wie gut bin ich?

Eine zweite wichtige Frage, die wir uns selbst stellen, bezieht sich auf unsere Leistung: »Wie gut bin ich?« Die Frage, die sich hieran gleich anknüpft, lautet: »Wie gut bin ich im Vergleich zu anderen?« Wir leben in einer Leistungsgesellschaft. Daher neigen wir dazu, unser geistiges Selbstbild anhand dessen aufzubauen, was von unseren Eltern und Gleichaltrigen als Erfolge oder Mißerfolge bewertet wird.

Wenn unser Bild von der eigenen Leistungsfähigkeit zu flach ausfällt, empfinden wir die Erfolge der anderen als Bedrohung. Oder wir fühlen uns überlegen, wenn wir von den Schwächen oder Niederlagen anderer hören.

Ich bin froh, daß Sie nicht kommen konnten. Solche Gefühle kenne ich aus eigener Erfahrung. Ein bekannter christlicher Redner in den Vereinigten Staaten ist Dick Purnell, der ein guter Freund von mir ist. Ich schlug ihn als Vertretung für mich bei einer großen Tagung für Alleinstehende in Florida vor, weil ich selbst verhindert war. »Aber wir kennen Dick Purnell doch gar nicht«, wandte der Tagungsleiter ein. »Sie können sich darauf verlassen«, erwiderte ich, »Sie werden von ihm begeistert sein.«

Nach der Tagung rief mich der Tagungsleiter an und sagte mir im Scherz, ohne zu wissen, was er damit sagte: »Mensch, sind wir froh, daß Sie nicht kommen konnten!« Ein paar Minuten lang kam mir Dick wie eine große Bedrohung vor – bis ich meine Gefühle ins reine brachte. Später war ich dann sogar in der Lage, diese Geschichte anderen zu erzählen und zu sagen: »Wißt ihr, es war eine der ganz besonderen Erfahrungen, die ich in diesem Jahr gemacht habe.«

Ein paar Monate später wurde ich erneut gebeten, bei einem Seminar für Angestellte einer Fluggesellschaft in Chicago einen Vortrag zu halten. Auch diesmal war ich verhindert und empfahl Dick als meinen Vertreter. Danach traf ich eine Stewardeß, die an der Tagung teilgenommen hatte, in einem Flugzeug. »Oh«, sagte sie, »es war wirklich toll, daß Sie krank geworden waren. Alle waren begeistert von Dick!« Und diesmal empfand ich tatsächlich ein Gefühl der Dankbarkeit für Dick und seine rednerischen Fähigkeiten.

Zu Hause sagte ich zu meiner Frau: »Nachdem ich nun schon zweimal Dick als Vertretung zu einer Tagung geschickt und festgestellt habe, daß die Teilnehmer hocherfreut waren, daß ich nicht kommen konnte, bin ich nur froh, ein so gut entwickeltes Selbstbewußtsein zu haben.« Vor nicht allzu langer Zeit noch hätte ich solche Reaktionen als eine wirkliche Bedrohung meines Selbstwertgefühls und Gefährdung meiner Freundschaft zu Dick empfunden. Heute wünschte ich, es gäbe hundert Dick Purnells, die mich vertreten könnten.

Die Arbeitssucht. Ein Beispiel für einen Menschen, der sein Selbstwertgefühl durch Leistung aufzubauen sucht, ist der »Arbeitswütige«. Viele von uns haben eine Spur dieser Anlage in ihrer Persönlichkeit. Geistliche und Seelsorger werden häufig von diesem Problem verfolgt. Wir fühlen uns gut, wenn wir vollauf beschäftigt sind, viel erreicht haben und nach einem langen Arbeitstag zum »Umfallen müde« nach Hause kommen. Unser Selbstbild steht in einem engen Zusammenhang mit unserer Leistung. Eine Frau sagte einmal: »Ich fühle mich richtig gut, wenn ich abends so müde bin, daß ich mich kaum noch rühren kann.«

Einer meiner Freunde berichtete mir, daß ihm dieses Verhaltensmuster sehr vertraut ist und er immer versucht hat, dagegen zu kämpfen. Er war in einem liebevollen Elternhaus aufgewachsen, doch wie gut er eine ihm gestellte Aufgabe auch bewältigen mochte, seine Eltern verlangten von ihm immer noch bessere Leistungen. Niemals wurde er gelobt. Die Anerkennung seiner Eltern, besonders die seines Vaters, schien immer außer Reichweite zu sein. Er kam sich vor wie der sprichwörtliche Esel, der sich nach der Mohrrübe reckt, die vor seiner Nase baumelt – oder wie ein Windhund beim Hunderennen, der ein Kaninchen jagt, das er doch niemals fangen kann. Seine Frustration drückte er mit folgendem Bild aus: »Ich erklimme eine Sprosse nach der anderen auf der Leiter, aber ich komme niemals ganz nach oben.«

Auch heute noch arbeitet er so, als wolle er die Anerkennung seiner Eltern erlangen. Zwar sind beide inzwischen verstorben, doch leben ihre Anforderungen in ihrem Sohn weiter. Er kämpft noch immer mit dem Bestreben, den in ihm verwurzelten elterlichen Maßstäben gerecht zu werden.

Wenn Sie prüfen wollen, wie sehr Sie selbst von einem solchen Hang zur Arbeitswut befallen sind, achten Sie einmal darauf, ob Sie »abschalten« können. Sind Sie in der Lage, an einem Tag einfach einmal gar nichts zu tun? Können Sie eine Zeitlang stillsitzen, ohne zu arbeiten oder zu lesen, ohne daß Angstgefühle in Ihnen aufkommen? Menschen, die von der Arbeit beherrscht sind, werden oft depressiv, wenn ihr Leistungsniveau entweder aufgrund einer selbst getroffenen Entscheidung (Urlaub, freie Tage, Wochenenden) oder aufgrund äußerer Umstände (Krankheit, Alter, Verlust des Arbeitsplatzes) sinkt. Wer von der Arbeit besessen ist, muß immer beschäftigt sein, um sich wohl zu fühlen und sich selbst annehmen zu können.

Wie wichtig bin ich?

Eine dritte Frage, die dazu dient, uns selbst zu definieren, lautet: »Wie wichtig bin ich?« Hier geht es um unseren gesellschaftlichen Status. Diese Frage steht im Zusammenhang mit unserer Fähigkeit, innerhalb unserer Gruppe Macht oder Einfluß auszuüben, und mit dem Machtgefühl, das wir innerhalb unserer eigenen Gruppe empfinden. Viele Menschen glauben, daß sie sich besser fühlen und eher akzeptiert würden, wenn sie eine Machtposition in der Politik oder in der Wirtschaft erreichen könnten. Welche Ironie, daß viele außerordentlich erfolgreiche Geschäftsleute sich immer noch als Versager betrachten.

Jeder hat ein geistiges Bild von sich selbst entwickelt, das auf dem Gefühl des Angenommenseins beruht, das uns durch unsere Eltern vermittelt wurde. Als Kinder waren wir ständig bemüht herauszufinden, wie groß die Liebe unserer Eltern zu uns war und wieviel wir ihnen bedeuteten. In seinem Buch »Your Inner Child of the Past« (»In dir lebt das Kind, das du warst«) macht W. Hugh Missildine einige wichtige Aussagen in diesem Zusammenhang:

> »Ein Kind entwickelt sein Gefühl, ein wertvolles, fähiges, wichtiges und einmaliges Wesen zu sein, aufgrund der Aufmerksamkeit, die seine Eltern ihm widmen. Es »sieht« oder nimmt sich im Spiegel ihrer Liebe, Anerkennung und Aufmerksamkeit gegenüber seinen Bedürfnissen wahr...
>
> Während der Kindheit macht sich das Kind die Gestik und Mimik seiner Eltern zu eigen und imitiert sie, um die Wärme, Zuneigung und Aufmerksamkeit der Eltern zu gewinnen; ebenso macht es sich ihre Betrachtungsweise des Kindes und der Welt im allgemeinen zu eigen. Die größte Rolle spielt aber dabei, ... was die Eltern dem Kind gegenüber empfinden. Dies ist entscheidend für das Gefühl, das das Kind sich selbst gegenüber entwickelt. Das Kind besitzt keinen anderen Maßstab, keinen anderen Spiegel, der ihm zeigt, was für ein Mensch es ist und ob es liebenswert ist.«[1]

Ein Kriterium, das uns während unserer Kindheit diente, um herauszufinden, wieviel wir unseren Eltern bedeuteten, war die Zeit, die sie uns widmeten. Wir haben schon früh in unserem Leben gelernt, daß auf wichtigere Dinge mehr Zeit verwendet wird als auf unwichtigere Dinge. Ein Kind, das immer erst an zweiter Stelle kommt und hinter der Arbeit, dem Fernsehen oder der Zeitung rangiert, bekommt den Eindruck, nicht geliebt zu werden.

Die Tochter eines Freundes war drei Jahre alt, als dieses Thema für ihn und seine Frau plötzlich wichtig wurde. Sie waren gerade in ein neues Haus gezogen und waren vollauf mit der Bepflanzung des Gartens beschäftigt. Nachdem sie zwanzig junge Azaleensträucher gepflanzt hatten (Pflanzen, die viel Pflege brauchen), verbrachte seine Frau jeden Tag viele Stunden mit der Pflege dieser und anderer Pflanzen. Eines Morgens sah die Tochter der Mutter dabei zu, wie sie sich hingebungsvoll jeder einzelnen Azalee widmete. Aus der Tiefe der Seele des dreijährigen Kindes kam nun die bestürzende Frage: »Mama, hast du mich genauso lieb wie deine Blumen?«

Als Kinder entwickeln wir einen Sinn für die »Priorität der Wichtigkeit«. Wichtige Menschen und Dinge erhalten erste Priorität, ihnen wird viel Zeit und Beachtung geschenkt. Wir schätzen uns ein nach dem Maß an Zeit und Zuwendung, das wir erhalten.

Auch als Erwachsene stellen wir uns Fragen

Auch wenn wir längst keine Kinder mehr sind, lassen wir uns noch immer von dem Verhalten und den Reaktionen der anderen uns gegenüber leiten, wenn es um die Beantwortung der drei Fragen geht: Wie sehe ich aus? Wie gut bin ich? Wie wichtig bin ich?

Wenn wir feststellen, daß andere uns gegenüber positive Reaktionen zeigen, sind wir mit uns selbst zufrieden. Ist das Verhalten und die Reaktion der anderen jedoch negativ, sind wir mit uns unzufrieden. Hinzu kommt noch ein mangelhaftes Selbstbild, das, wie bereits erläutert, dafür sorgt, daß wir die positiven Einstellungen und Reaktionen herausfiltern und uns nur auf die negativen konzentrieren.

Wir sind mit einem Zirkuselefanten vergleichbar, der mit einer Kette angebunden ist. Auf unsere Frage, wie eine so dünne Kette einen kräftigen Elefanten halten kann, erklärt uns der Dompteur, daß nicht die Kette den Elefanten hält, sondern sein Gedächtnis ihn an der Flucht hindert.

Als der Elefant noch jung war, hatte er noch nicht die Kraft, die Kette zu sprengen und sich zu befreien. Er lernte, daß die Kette stärker war als er, und dies hat er bis heute nicht vergessen. Wenn der Elefant zu voller Größe ausgewachsen und stark ist, erinnert er sich nur daran, daß er einmal versucht hat, die Kette zu zerreißen, es ihm aber nicht gelungen ist. Deshalb unternimmt er keinen Versuch mehr, sich zu befreien. Nicht die Kette, sondern sein Gedächtnis hält ihn. Natürlich kann ein Elefant gelegentlich herausfinden, daß er die Kette zerreißen kann, und von diesem Zeitpunkt an hat sein Wärter Schwierigkeiten, ihn unter Kontrolle zu halten.

Unser Selbstbild funktioniert in einer ähnlichen Weise. Wir lernen als Kinder unsere Stärken und Schwächen kennen, und diese Erinnerungen halten uns auch noch als Erwachsene gefangen. Unsere Erfahrungen – gute und schmerzhafte – sind so tief in unserem Unterbewußtsein eingeprägt, daß wir in dem Glauben leben, immer noch dieselbe Person mit denselben Schwächen von damals zu sein. Unsere Gefühle aus der Kindheit sind in unserer Erinnerung noch heute lebendig; wir werden daran erinnert, daß unsere Umwelt damals stärker war als wir, und nehmen an, dies sei auch heute noch der Fall.

Doch wie ein Elefant, der sich losreißt, können auch wir die Befreiung von diesen verinnerlichten Ketten erleben. Wir brauchen uns nicht länger von diesen Gefühlen des Angenommenseins oder der Ablehnung beherrschen zu lassen, sondern können uns öffnen für die gottgegebenen Qualitäten und Stärken, die wir heute besitzen.

Baustein vier

Im Epheserbrief 1, 11 in der englischen Bibelübersetzung »Living Bible« heißt es: »Aufgrund dessen, was Christus getan hat, sind wir für Gott zu *Gaben* geworden, an denen er *Wohlgefallen* hat.«

Was bedeutet das Wort »*Wohlgefallen?*« _____

Wer ist zu »Gaben« geworden? _____

Wem sind diese Gaben geschenkt worden? _____

Was macht er mit diesen Gaben? _____

Bedeutet dies, daß Gott auch an Ihnen Wohlgefallen hat? _____

Im Hebräerbrief 12, 2 steht geschrieben: »...(laßt uns)... aufsehen zu Jesus, dem Anfänger und Vollender des Glaubens, der, obwohl er hätte Freude haben können, das Kreuz erduldete...«

Auf wen bezieht sich das Wort »Freude« in diesem Bibelvers?

5

Mit Mutter und Vater aufwachsen

Haben Sie sich schon einmal über Gottes Plan zur Persönlichkeitsentwicklung eines Menschen Gedanken gemacht? Eine gesunde Persönlichkeit und ein adäquates Selbstbild entstehen nicht zufällig. Gott hat es ganz bewußt so geplant, daß zwei Menschen, ein Mann und eine Frau, Nachkommen zeugen. Daß hierzu ein Mann und eine Frau erforderlich sind, ist natürlich einerseits durch die biologische Fortpflanzung bedingt; andererseits aber ist dies für die Entwicklung gesunder Persönlichkeiten und Menschen mit gesundem Selbstbild ganz einfach notwendig.

Gott hat diesen Wachstumsprozeß so geplant, daß die menschlichen Nachkommen viele Jahre in unterschiedlichen Phasen der Abhängigkeit verbringen. Dieser Prozeß umfaßt die körperliche, geistliche und seelische Entwicklung. Gleichzeitig schuf Gott den Prozeß der Erziehung. Diese beiden Prozesse sind die Grundlagen seines Planes zur Entwicklung gesunder Persönlichkeiten.

Die Bedeutung dieser beiden Prozesse wird deutlich, wenn wir uns vor Augen führen, wieviel Zeit wir in jeder dieser Phasen verbringen. Der Prozeß des körperlichen Wachstums dauert normalerweise etwa achtzehn Jahre. Der Prozeß der Kindererziehung dauert etwa genauso lange. Der Mensch steht also im Durchschnitt mindestens die Hälfte seines Lebens im Erziehungsprozeß: zuerst wird er selbst erzogen, danach erzieht er seine Kinder.

Das Ehepaar Reese, zum Beispiel, stand sechsunddreißig Jahre im Prozeß der Kindererziehung. Zwischen der Geburt des ältesten und des jüngsten ihrer vier Kinder lag ein Zeitraum von achtzehn Jahren. Rechnet man noch die achtzehn Jahre ihrer eigenen Erziehung hinzu, so ergibt dies mehr als ein halbes Jahrhundert, während dessen sie mit dem Erwachsenwerden und der Kindererziehung beschäftigt waren. Und diese Rechnung enthält noch nicht die vielen Jahre, in denen die Reeses ihren dreizehn Enkelkindern großartige Großeltern waren.

Da Gott dem Wachstumsprozeß und der Kindererziehung einen so großen Zeitraum in unserem kurzen Leben eingeräumt hat, müssen sie ihm sehr wichtig sein. Von Anfang an schuf er diese beiden Prozesse als Grundlagen zur Entwicklung gesunder Persönlichkeiten und adäquater Selbstkonzepte. Zu den schönsten Dingen im Leben eines Menschen gehört die Befolgung des ersten »Gebotes«, das Gott den Menschen überhaupt gab: fruchtbar zu sein und sich zu mehren.

Eltern sind Beauftragte Gottes

Wie schon zuvor festgestellt, liegt der Grundstein zur Entwicklung unseres Selbstbildes in unserer Beziehung zu unseren Eltern. Selbstbilder werden im wesentlichen von den Autoritätspersonen geprägt, denen wir während unserer Kindheit anvertraut waren. Von ihnen haben wir gelernt, wer und wie wir waren. »An den Reaktionen seiner Eltern ihm gegenüber entdeckt ein Kind buchstäblich, was für eine Art Mensch es ist und wie es sich selbst wahrnimmt.«[1]

Die Art, wie wir von unseren Eltern beurteilt werden, hat sich in unseren kindlichen Geist eingeprägt. Wir haben uns selbst im Lichte ihres Denkens und Handelns uns gegenüber gesehen. Von ihrem Verhalten haben wir abgeleitet, was sie für uns empfanden. Diese Erfahrungen sind zwar schon lange vergessen, doch aus ihnen hat sich unser Selbstkonzept entwickelt.

So haben also die täglichen (nicht die traumatischen) Erfahrungen unserer Kindheit unser Selbstbild geformt. Die allgemeine Atmosphäre in unserer Familie hat mehr zu unserem Selbstbild beigetragen als irgendein Einzelerlebnis. Wir haben die in unserer Familie herrschende Grundeinstellung übernommen und dabei diese Gefühle verinnerlicht. Wenn wir unser Selbstbild verändern wollen, ist es äußerst wichtig, uns des elterlichen Einflusses bewußt zu werden.

Der Seelsorger und Autor Cecil Osborne sagt: »Das Kleinkind hat kein klares Bild von sich selbst. Es sieht sich nur im Spiegel des Urteils seiner Eltern... Ein Kind, dem immer wieder gesagt wird, es sei ungezogen oder faul oder zu nichts nütze oder dumm oder schüchtern oder unbeholfen, neigt dazu, diesem Bild entsprechend zu handeln, das von den Eltern oder anderen Autoritätspersonen vorgezeichnet wurde.«[2]

Lars zum Beispiel hatte unter tiefsitzenden Depressionen und mangelndem Selbstvertrauen zu leiden. Im Alter von sechsundzwanzig Jahren wußte er noch immer nicht, was er mit seinem Leben anfangen sollte. Er war frustriert, unsicher und fühlte sich völlig unfähig. Sein Vater hatte ihn immer als »dumm« bezeichnet (und auch heute noch sagt sein Vater ihm, er sei ein Taugenichts).

Lars leidet unter einem verzerrten Selbstbild. Er glaubt so zu sein, wie es sein Vater ihm immer eingeredet hat.

Gibt es ein Rezept für eine intakte Familie?

In einem seiner Bücher beschreibt der Psychologe Stanley Coopersmith[3] einige charakteristische Merkmale einer Familie, die in der Lage ist, ihren Kindern Selbstachtung zu vermitteln. Das entscheidende Merkmal ist dabei eine Haltung der bedingungslosen Annahme und Liebe. Diese Haltung ist eine *Konstante:* sie wird nicht in Abhängigkeit vom Verhalten des Kindes gewährt oder entzogen.

Das zweite Merkmal ist eine Haltung des Verständnisses. Kinder denken, ihre Eltern kennen und verstehen ihre Gefühle. Gibt man den Kindern nicht die Möglichkeit, ihren Gefühlen, ob positiv oder negativ, Ausdruck zu verleihen, dann fühlen sie sich unverstanden. Sie fühlen sich unannehmbar, weil ihre Gefühle unannehmbar sind.

Eine interessante Feststellung, die Coopersmith in seiner Studie macht, ist, daß Kinder mit einem gutentwickelten Selbstwertgefühl genauso oft bestraft wurden wie gleichaltrige Kinder mit mangelndem Selbstvertrauen. Die unterschiedlichen Ergebnisse der Bestrafung scheinen davon abhängig zu sein, welchen Schwerpunkt die Eltern während des Bestrafungsprozesses setzen. Die Kinder mit dem stärker ausgeprägten Selbstwertgefühl waren wegen eines ungezogenen oder unangebrachten Verhaltens bestraft worden. Die Kinder mit dem schwächer entwickelten Selbstwertgefühl hingegen waren einfach mit der Begründung bestraft worden, daß sie »ungezogene Kinder« seien. Es ist wichtig, einen Unterschied zu machen zwischen dem Verhalten eines Kindes, das manchmal ungezogen ist, und dem Kind selber, das geliebt wird.

Wenn die Eltern wüßten, welchen Einfluß sie auf die Entwicklung ihrer Kinder ausüben, dann würden sie sich mehr um eine bejahende Einstellung gegenüber ihren Kindern bemühen.

Leider ist dies häufig nicht der Fall. Unsere Eltern, die vielfach selbst unter negativen Selbstbildern litten, haben Schwierigkeiten, uns etwas zu geben, was sie selbst nicht bekommen haben.

In ihrem eigenen Gefühl der Unzulänglichkeit haben sie ihren Kindern eher negative Gefühle vermittelt.

Auch Gleichaltrige spielen eine Rolle

Ein zweiter Faktor, der unser Selbstkonzept beeinflußt, ist das Verhalten von Freunden, Klassenkameraden und Lehrern. Unsere Freunde und Klassenkameraden nehmen in entscheidender Weise Einfluß auf die Entwicklung unseres Selbstbildes, indem sie die in unserem Elternhaus gültigen Grundsätze entweder bestätigen oder verneinen.

Da ist das kleine Mädchen, um ein Beispiel zu nennen, dem man zu Hause immer wieder gesagt hatte, wie niedlich und hübsch es sei. Eines Tages kam sie zur Schule, und sie war am Boden zerstört, weil jemand sie »Karottenkopf« oder »Sommersprosse« genannt hatte. Oder der kleine Junge, der glaubte, ein guter Sportler zu sein, bis er in die erste Klasse kam und feststellte, daß er ungeschickt war und viele Übungen nicht beherrschte, die die anderen Kinder längst konnten.

Kinder können grausam sein. Ihre Spitznamen und Hänseleien sind sehr verletzend. Sie hinterlassen tiefe Wunden und kehren alle guten Aspekte unseres Selbstbildes beiseite. Je sensibler wir als Kinder sind, um so tiefer gehen die Wunden, die unsere Klassenkameraden uns durch Späße und Hänseleien zufügen.

Auf der anderen Seite berichtete ein Professor an einem Priesterseminar, wie dieser Prozeß in seinem Fall eine positive Wende nahm. Er wuchs in einem sehr unglücklichen Zuhause auf; die Mutter verließ die Familie, als er noch recht klein war. Der Vater war beim Militär, und der Junge verbrachte die meiste Zeit seiner Kindheit bei den Großeltern.

Während seiner ersten Schuljahre machte er viele negative Erfahrungen. Von klein auf als Problemkind abgestempelt, verhielt er sich auch diesem Etikett entsprechend. Zu Beginn eines neuen Schuljahres wurde er an der Tür von einer sehr weisen Lehrerin in Empfang genommen. Sie sah ihm gerade in die Augen, sprach ihn bei seinem Namen an und sagte: »Ich habe viel über dich gehört, aber ich glaube davon kein Wort!« Dieser Tag war der Wendepunkt in seinem jungen Leben, sagt der Professor heute. Es gab tatsächlich einen Menschen, der an ihn glaubte! Auf diese Weise können Ersatzeltern oder Autoritätspersonen, gewöhnlich Lehrer, Trainer oder nahe Verwandte, Kindern, die von ihren Eltern nicht die nötige Liebe bekommen, gewissermaßen das Leben retten.

Ein weiterer Faktor, der einen dominierenden Einfluß auf das Selbstbild von Kindern haben kann, sind die Geschwister, obwohl ihr Einfluß im allgemeinen nicht so stark ist wie der der Eltern oder der Gleichaltrigen außerhalb der Familie. Es kommt jedoch gelegentlich vor, daß ein Einzelkind, das plötzlich und unvorbereitet durch ein neues Baby in der Familie »entthront« wird, einen entscheidenden Wandel seines Selbstbildes erlebt. Manchmal kommt es auch vor, daß zwei Kinder gleichen Geschlechts, die altersmäßig nicht weit voneinander entfernt sind, sich gegenseitig stark in ihrem Selbstbild beeinflussen. Wenn ein älteres Kind seinen jüngeren Geschwistern gegenüber eine Art Erzieherrolle einnehmen muß, kann dies auch eine Änderung des Selbstbildes bewirken.

Gott hat seine Idealvorstellungen von den Eltern

Der ideale Wachstumsprozeß, den Gott geschaffen hat, sieht für jedes Kind eine positive und enge Bindung an zwei Elternteile vor, d. h. der Einfluß von jeweils einem männlichen und einem weiblichen Elternteil ist erforderlich. Zur gesunden Entwicklung der menschlichen Persönlichkeit ist diese Wechselbeziehung mit männlichen und weiblichen Autoritätspersonen während der achtzehn Jahre dauernden Phase der Kindheit und Jugend erforderlich.

Dies ist Gottes Plan für die Nachkommen der Menschen. In der Tierwelt scheint eine solche Bindung nicht erforderlich zu sein, weil kein anderes Geschöpf Gottes eine Persönlichkeit besitzt wie der Mensch. Zwei Elternteile sind zur Fortpflanzung erforderlich; sie haben auch die Aufgabe, ihren Kindern das Wesen Gottes deutlich zu machen. Gemeinsam, in ihrer »Ein-Fleisch-Beziehung«, vermitteln und demonstrieren die Eltern ihren Kindern Gottes Eigenschaften. Mittels dieser Interaktion verfügen die Kinder über alles, was sie brauchen, um gesunde Persönlichkeiten zu werden, die ihr Leben Gott, ihrem himmlischen Vater, anvertrauen können.

Manchmal kommt es jedoch vor, daß die Eltern langfristige Ziele (die christliche Erziehung der Kinder) zugunsten kurzfristiger Ziele opfern. Sie entscheiden sich dafür, ruhige, artige Kinder zu haben. Mit Hilfe von Drohungen erzwingen sie den Gehorsam ihrer Kinder, und die Freunde der Eltern äußern sich lobend über die wohlerzogenen Kinder. Eltern können so streng sein, daß die Kinder es gar nicht wagen, sich ihnen zu widersetzen, doch dies ist ungesund.

Bei der Kindererziehung entscheidet das Mittel über das Ziel. Mit dem entsprechenden Mittel läßt sich jedes Kind eine Zeitlang zu einem Verhalten zwingen, das die Eltern für wünschenswert halten mögen. Ob die Kindererziehung erfolgreich war, zeigt sich jedoch nicht, wenn das Kind sechs oder sechzehn Jahre alt ist, sondern erst viel später. Eltern müssen viele Jahre mit dem Ergebnis ihrer erzieherischen Bemühungen leben. Die wahren Ergebnisse dieser Bemühungen kommen erst zum Tragen, wenn die Kinder erwachsen sind.

Gott hat die Persönlichkeitsentwicklung des Menschen als einen langen Prozeß strukturiert. Auch seinen eigenen Sohn ließ er durch Geburt auf die Welt kommen. Jesus wuchs genau wie andere Kinder seiner Zeit in einer elterlichen Bindung auf. Der Prozeß des Aufwachsens und der Erziehung blieb ihm nicht erspart; er war sogar erforderlich, damit aus ihm ein Mann werden konnte.

In der Bibel finden wir drei wichtige Komponenten des Erziehungsprozesses. Die Bibel gibt uns zwar keine detaillierten Anleitungen zur Kindererziehung, aber sie umreißt Gottes Strategie.

Die erste Komponente ist das *Vorbildsein*. Eltern sind Vorbilder für ihre Kinder, auch wenn ihnen das nicht immer bewußt ist. Die Frage ist: Was für ein Vorbild stellen Sie dar? Kinder beobachten und imitieren die Art, wie ihre Eltern reden, wie sie sich verhalten und wie sie denken. Sie lernen, so zu denken, wie ihre Eltern denken, so zu empfinden, wie die Eltern empfinden, zu wählen, was sie wählen und sich in einer ähnlichen Weise zu verhalten wie ihre Eltern.

Die zweite Komponente im Erziehungsprozeß ist das *Lehren*. Es ist die Aufgabe der Eltern, ihren Kindern Verhaltensweisen und Grundsätze für das Leben zu vermitteln. Das fängt damit an, wie man einen Schuh zuschnürt, und geht bis hin zur Lehre von der biblischen Wahrheit Gottes. Im biblischen Sinne bedeutet Lehren nicht nur verbale Belehrung erteilen, sondern auch nötigenfalls zu strafen, um sich durchzusetzen.

Die dritte Komponente: *Lernen, auf andere einzugehen*. Eltern sollen ihre Kinder lieben und auf sie in einer zärtlichen fürsorglichen Weise eingehen. Obwohl alle drei genannten Komponenten im Erziehungsprozeß wichtig sind, ist die Komponente des Lernens, wie man auf andere eingeht, die entscheidende. Ohne eine warmherzige, liebevolle, emotional vertraute Beziehung können die beiden anderen Komponenten im Leben des Kindes nichts ausrichten.

In der Bibel werden drei »gesunde« Persönlichkeiten beschrieben

Wenn Eltern heute in der Lage wären, Gottes ursprünglichen Plan zu befolgen, würden sie Kinder mit gesunder Persönlichkeit aufziehen, die fähig wären, ihr Leben dem himmlischen Vater anzuvertrauen. In der Bibel geben drei Persönlichkeiten ein Beispiel dafür ab, wie Gott uns eigentlich haben möchte. Die ersten beiden sind Adam und Eva vor dem

Sündenfall. Betrachten wir diese beiden vollkommenen Geschöpfe eines vollkommenen Gottes, bekommen wir einen Eindruck davon, was es bedeutet, geistig gesund zu sein. Die dritte wahrhaft »gesunde« Persönlichkeit ist Jesus Christus. Seine Persönlichkeit blieb von der Sünde unberührt, und daher verkörpert er das vollkommene Bild einer wahrhaft gesunden Person.

Das Neue Testament beschreibt Christus als Vorbild für unser christliches Wachstum. Immer wieder stellen die Verfasser ihn als denjenigen dar, dem wir ähnlich werden sollen. Jeder Mensch, der Christus annimmt, soll am Ende so werden wie er:

> »...meine lieben Kinder, die ich abermals unter Wehen gebäre, bis Christus in euch Gestalt gewinne!« (Gal. 4, 19).
> »...bis wir alle hingelangen zur Einheit des Glaubens und der Erkenntnis des Sohnes Gottes, zum vollendeten Mann, zum vollen Maß der Fülle Christi« (Eph. 4, 13).
> »Laßt uns aber wahrhaftig sein in der Liebe und wachsen in allen Stücken zu dem hin, der das Haupt ist, Christus« (Eph. 4, 15).
> »...damit er euch heilig und untadelig und makellos vor sein Angesicht stelle« (Kol. 1, 22).
> »...damit wir einen jeden Menschen in Christus vollkommen machen« (Kol. 1, 28).

In dem Leben der Christen soll der Welt das Wesen Christi offenbar werden. Sie sollen nicht nur so handeln wie Christus, sondern in ihrer ganzen Persönlichkeit ihm ähnlich werden. Paulus hat an drei Stellen im Neuen Testament erklärt, was es bedeutet, wie Christus zu werden: »Die Frucht aber des Geistes ist Liebe, Freude, Friede, Geduld, Freundlichkeit, Güte, Treue, Sanftmut, Keuschheit« (Gal. 5, 22). In der zweiten Textstelle, 1. Timotheus 3, werden Eigenschaften aufgezählt, die ein Gemeindevorsteher besitzen sollte. Diese Eigenschaften werden im Titusbrief 1, 6–8 noch einmal zusammengefaßt:

> »...wenn einer untadelig ist, Mann einer einzigen Frau, der gläubige Kinder hat, die nicht im Ruf stehen, liederlich oder ungehorsam zu sein. Denn ein Bischof soll untadelig sein als ein Haushalter Gottes, nicht eigensinnig, nicht jähzornig, kein Säufer, nicht streitsüchtig, nicht schändlichen Gewinn suchen; sondern gastfrei, gütig, besonnen, gerecht, fromm, enthaltsam.«

Diese drei Stellen beschreiben detailliert, welche Eigenschaften ein Mensch besäße, der wahrhaft wie Christus wäre. Ein solcher Mensch würde die Frucht des Geistes verkörpern und die Eigenschaften und Qualitäten eines Gemeindeältesten besitzen. Diese drei Auflistungen sind gleichzeitig die beste Darstellung der Eigenschaften einer wirklich gesunden Persönlichkeit.

Das angestrebte Ziel der meisten Christen ist das »Christus-ähnlich-Werden«. Manche Christen verschlimmern jedoch ihre Probleme mit der Selbstachtung noch, indem sie sich selbst in ihrem jetzigen Zustand mit Christus vergleichen, der doch das höchste Vorbild im Universum ist. Diese Menschen verzagen häufig, weil sie das Gefühl haben, doch niemals seinen Anforderungen entsprechen zu können. Sie konzentrieren sich auf das Ziel und verlieren dabei den Prozeß aus den Augen.

Christen sollten sich um eine ausgewogene Perspektive bemühen, wenn sie sich selbst betrachten. Sie sollen zwar durchaus vorwärts schauen, auf das, was sie werden sollen – wie Christus (das macht uns demütig und empfänglich für Gottes Führung); sie sollen aber auch zurückschauen auf das, was sie waren, als sie ihr Leben Christus übergaben (das macht uns dankbar und gibt uns Hoffnung). Ein derartiges Gleichgewicht sorgt dafür, daß die Christen »maßvoll« von sich halten lernen (Röm. 12, 3).

Gottes Idealbild wurde entstellt

Mit dem Sündenfall der Menschheit kam die Sünde in die Welt, und Gottes Idealbild wurde zerstört. Die Sünde bewirkte, daß es keine Eltern mehr gab, die ihren Kindern das Wesen und die Eigenschaften Gottes vermitteln konnten. Kinder wuchsen in einer Atmosphäre und in Beziehungen auf, in denen ihnen lediglich Zerrbilder Gottes vermittelt wurden. Reagierte die sündige Natur der Kinder auf diese Zerrbilder, entstanden keine gesunden, heilen Persönlichkeiten, sondern kranke, sündige Menschen, die in ihren Kindern wiederum kranke, sündige Persönlichkeiten heranzogen. Im 2. Buch Mose 20, 5 und 34, 7 wird uns über den Teufelskreis, der daraus entstand, und seine Auswirkungen auf die nachfolgenden Generationen berichtet.

Der Erziehungsprozeß entsprach nicht mehr Gottes Vorstellungen, und die emotionalen und geistlichen Bedürfnisse der Kinder wurden nicht mehr erfüllt. Wegen der Sünden ihrer Eltern hatten sie ein verfälschtes Bild von Gott, und sie mißtrauten ihm. In der modernen Gesellschaft setzt sich dieser Kreislauf fort.

Die Narben, die die Kinder während des Erziehungsprozesses davontrugen, äußern sich später als Empfänglichkeit für bestimmte Formen der Sünde. Jeder Mensch ist »von Natur aus sündig« und wird auch in Sünde verstrickt werden; dies geschieht gewöhnlich im Bereich der Empfänglichkeit, der in der Kindheit erworben wurde. Manche Ehebrecher würden nicht im Traum daran denken, jemanden zu schlagen.

Andere, die einen Menschen umgebracht haben, würden niemals ihren Partner betrügen.

Als die Sünde in die Welt kam und die Eltern nicht mehr in der Lage waren, die gottgegebenen, angeborenen Bedürfnisse ihrer Kinder zu befriedigen, wandten sich die Kinder der Welt zu, um diese Bedürfnisse zu befriedigen. Die Eltern konnten ihnen nicht die gesunde Liebe geben. Also suchten die Kinder Liebe auf sündige Art und Weise. Auch heute noch setzt sich diese Entwicklung fort, sogar in christlichen Elternhäusern.

Wir erkennen Phasen des elterlichen Einflusses

Nach Gottes idealem Plan lassen sich in der Rolle, die die Eltern in der Entwicklung ihrer Kinder spielen, bestimmte Muster erkennen. In der Entwicklung des Kindes unterscheiden wir drei Phasen des elterlichen Einflusses:

1. Die Phase des Einflusses beider Elternteile (von der Geburt bis zum dritten Lebensjahr). Beide Elternteile werden in dieser Phase von dem Kind als Bezugspersonen akzeptiert.
2. Die Phase, in der der Einfluß des gegengeschlechtlichen Elternteils überwiegt (vom dritten Lebensjahr bis zum Einsetzen der Pubertät). Der Elternteil des anderen Geschlechts nimmt die wichtigere Rolle in der Persönlichkeitsentwicklung des Kindes ein.
3. Die Phase, in der der Einfluß des gleichgeschlechtlichen Elternteils überwiegt (Pubertät bis Erwachsenenalter). Der Elternteil gleichen Geschlechts übt in dieser Phase den stärksten Einfluß auf die Entwicklung des Kindes aus.

Es ist wichtig, daß das Kind während des gesamten Entwicklungsprozesses von beiden Eltern beeinflußt wird; darüber hinaus ist es wichtig, daß das Kind während der verschiedenen Phasen den richtigen Einfluß der Eltern bekommt. Dies macht den Prozeß der Kindererziehung so schwierig und zu einer Herausforderung.

Bei alleinerziehenden Eltern können die Großeltern manchmal den fehlenden Elternteil ersetzen, wie dies im Fall von Klaus geschah. Klaus' Mutter war geschieden und arbeitete bei mir. Sein Vater hatte sie verlassen und hatte Klaus niemals gesehen. Klaus' Mutter entschloß sich schließlich, in die Nähe ihrer Eltern zu ziehen, so daß ihr Vater einen positiven männlichen Einfluß auf Klaus nehmen konnte. Das ist inzwischen zehn Jahre her. Wenn man Klaus heute trifft, muß man feststellen, daß die Entscheidung seiner Mutter zum Umzug klug war.

Die Phase des Einflusses beider Elternteile

Während des ersten Lebensjahres bis zum Alter von achtzehn Monaten hat jedes Kind zunächst eine stärkere Bindung zur Mutter. Die Wissenschaftler behaupten sogar, das Kind sehe während dieser ersten achtzehn Monate beide Elternteile als Mutterfiguren. Während dieser Phase ist es wichtig, daß der Vater soweit wie möglich an dieser Mutterrolle teilhat.

Im Alter von etwa drei Jahren entdeckt das Kind allmählich, daß es wie der Vater oder wie die Mutter ist. Dieses Bewußtsein einer deutlichen anatomischen Ähnlichkeit gegenüber dem einen Elternteil steht am Anfang einer Veränderung in der Beziehung zu beiden Elternteilen.

Die Phase des Einflusses des gegengeschlechtlichen Elternteils

Von etwa drei Jahren an bis zur Pubertät hat der gegengeschlechtliche Elternteil den größeren psychologischen Einfluß auf die Entwicklung des Kindes, während der gleichgeschlechtliche Elternteil vor allem eine ausgleichende Rolle spielt.

Das Interesse des Kindes am gegengeschlechtlichen Elternteil entspricht Gottes Plan. Gott hat es so gewollt, daß das Interesse des Kindes zur Förderung seiner Entwicklung auf das andere Geschlecht gerichtet wird, wobei gleichzeitig die Grundlage für spätere Beziehungen zum anderen Geschlecht festgelegt wird. In dieser Phase des Einflusses des gegengeschlechtlichen Elternteils werden Kinder häufig als »Mamas kleiner Junge« oder »Papas kleines Mädchen« bezeichnet. Dies ist die Zeit, in der das Kind eine Art Besitzanspruch auf den Elternteil erhebt.

Während dieser Phase wird das Kind durch den gegengeschlechtlichen Elternteil auf spätere Beziehungen zum anderen Geschlecht vorbereitet. Das Kind braucht jetzt viel Zuwendung, Liebe, Beachtung und Zärtlichkeit vom gegengeschlechtlichen Elternteil. Wissenschaftliche Untersuchungen beweisen, daß die warme, liebevolle Zuneigung des Elternteils während dieser Jahre den Menschen auf gesunde sexuelle Beziehungen im Erwachsenenalter vorbereitet.

Immer wieder hat sich erwiesen, daß Menschen, die während dieser Phase nicht die notwendige Zuwendung, Liebe, Aufmerksamkeit und Zärtlichkeit vom gegengeschlechtlichen Elternteil empfangen haben, als Erwachsene Probleme mit sexuellen Beziehungen haben. Ein kleines Mädchen, das gelernt hat, sich in Papas Armen geborgen zu fühlen, fühlt sich auch später in den Armen ihres Ehemanns geborgen. Ein kleiner

Junge, der die Zuneigung seiner Mutter empfangen hat, ist später in der Lage, die Zuneigung seiner Ehefrau zu empfangen.

Bis zum Alter von etwa zehn Jahren braucht ein Kind vom gegengeschlechtlichen Elternteil Berührungen, Umarmungen, Küsse, Zärtlichkeiten und Liebkosungen. In dieser Phase kann ein Kind gar nicht genug aufrichtige Zuwendung bekommen.

Die Phase des gleichgeschlechtlichen Elternteils

Die dritte Phase in der Entwicklung des Kindes, die etwa mit der Pubertät einsetzt und bis ins Erwachsenenalter hineinreicht, ist die Zeit, in der der Einfluß des gleichgeschlechtlichen Elternteils überwiegt. In dieser Zeit braucht das Kind ein Vorbild – ein Vorbild dafür, was es bedeutet, ein Mann oder eine Frau zu sein –, um sich allmählich auf seine Rolle als Erwachsener einzustellen. Selbstverständlich spielt auch der andere Elternteil keine unwichtige Rolle. Während dieser Phase entwickelt sich der Mensch weiter und wächst in seine geschlechtliche Identität hinein. Positive Reaktionen des gegengeschlechtlichen Elternteils auf die Bemühungen des Kindes, wie die Mutter oder der Vater zu werden, sind notwendig, um das Kind bei der Entwicklung seiner geschlechtlichen Identität zu bestärken und zu bestätigen.

Bei unserer Geburt hatten wir noch kein Selbstbild. Es hat sich langsam und allmählich entwickelt, jeden Tag mehr, in dem Maße, wie wir die Stimmungen und Verhaltensweisen um uns herum verinnerlichten. Ein gutes Selbstbild entwickelt sich aus der Qualität unserer Beziehungen zu den Menschen, die in unseren ersten Lebensjahren eine wichtige Rolle für uns gespielt haben.

Eltern sollen eine Gabe Gottes sein

Vor meiner Heirat besuchte ich Paula häufig und verbrachte viele Stunden in ihrem Elternhaus. Sie hatte reizende Eltern. Nie habe ich erlebt, daß sie sich stritten oder gar anschrien. Ich fragte immer: »Gott, warum habe ich nicht auch solche Eltern gehabt, die einander lieben?« Ich kann mich weder daran erinnern, daß mein Vater mich jemals umarmt hätte, noch habe ich jemals gesehen, daß er meine Mutter umarmte.

Meine Mutter hatte nicht nur Übergewicht; eine Drüsenkrankheit hatte sie fettleibig werden lassen. Infolgedessen hielt ich mich auch immer für dick, obwohl ich es gar nicht war. Meinen Vater kannte ich lediglich als stadtbekannten Alkoholiker. Es gab bei uns zwar auch schöne Zeiten, doch war unser Familienleben meist überschattet von zahlreichen Anfechtungen, Kummer und Leid.

Ich beneidete Paula und ihre Familie immer um ihr harmonisches Familienleben, bis ich vor ein paar Jahren erkannte, daß Gott meine Eltern für mich bestimmt hatte. Ich erkannte, daß er die Charaktereigenschaften, die mir vererbt wurden, zuließ. Auch in einer von Sünden geplagten Welt erkannte ich, daß Gott mich so geschaffen hatte, wie ich war, und daß er meine Eltern benutzte, um mich zu formen.

Diese Erkenntnis machte mir Mut, als ein paar Jahre später die Biographie meines Lebens geschrieben wurde. Zuerst war ich bei dem Gedanken, daß einige Personen Details aus meiner Vergangenheit erfahren würden, vor Angst wie gelähmt. Meine Frau sagte dann auch noch: »Schatz, möchtest du wirklich, daß die Leute das lesen?« – »Nein«, sagte ich, »aber jetzt ist es zu spät!«

Es war eine schmerzliche Erfahrung zu sehen, wie Joe Musser in meiner Vergangenheit forschte, um meine Lebensgeschichte niederzuschreiben. Er rührte dabei an viele Wunden, die ich noch nicht bewältigt hatte. Aber im Endeffekt half mir diese Erfahrung. Jetzt bin ich in der Lage, meinem himmlischen Vater zu sagen: »Danke für meine irdischen Eltern.«

Gott tröstet uns in allen schwierigen Lebenslagen und versetzt uns durch diese schmerzlichen und leidvollen Erfahrungen in die Lage, anderen zu helfen (2. Kor. 1, 3–4). Gott benutzte den Vers im Römerbrief 8, 28: »Wir wissen aber, daß denen, die Gott lieben, alle Dinge zum Besten dienen, denen die nach seinem Ratschluß berufen sind«, um mir zu einem besseren Bild von meinem Vater zu verhelfen. Ich bin auch für einen alkoholabhängigen Vater dankbar, weil Gott in seiner Treue es mir auch durch diese Umstände ermöglicht, anderen zu helfen.

Vielleicht sehen auch Sie die Fehler Ihrer Eltern jetzt klarer. Wenn dies so ist, müssen Sie zu dem Punkt kommen, daß Sie sagen: »Ich danke dir, Gott, für meine Eltern. Ich verstehe zwar nicht alles, was sich während meiner Kindheit ereignet hat, aber ich vertraue dir, daß du alles zum Besten fügst.«

Baustein fünf

Schreiben Sie die persönlichen Charaktereigenschaften auf, die Ihrer Meinung nach Ihren Vater und Ihre Mutter zu guten Eltern gemacht haben (oder hätten machen können):

_____

_____

_____

_____

»Beurteilen« Sie die Liebe Ihrer Eltern. Haben diese Ihnen (durch ihre Liebe) ein positives Bild von Gott dem Vater vermittelt? _____

Ist Gott Ihren irdischen Eltern ähnlich? _____

Schreiben Sie die Namen einiger Personen auf, deren Lebensstil Ihnen geholfen hat, eine Vorstellung vom Wesen Gottes zu bekommen.

_____

_____

_____

_____

6

Kindheitserlebnisse

Dankbar zu sein für unsere Eltern, egal, wie erbärmlich die Erziehung auch gewesen sein mag, die sie uns gegeben haben, ist eine Sache. Die negativen Folgen der Erziehung zu überwinden und sie darüber hinaus auch noch zur Verherrlichung Gottes einzusetzen, ist eine andere. Mit Gottes Gnade ist dies möglich. Um Ihnen Mut zu machen, daß Sie Ihr Selbstbild verändern können, möchte ich Ihnen aus meiner eigenen Vergangenheit und der Vergangenheit meines Freundes O'Neill erzählen.

O'Neills Geschichte

O'Neill wuchs in einer kleinen Stadt im Nordosten des Staates Texas auf. Seine Eltern waren sehr gut zu ihm und gaben ihm soviel Liebe, wie sie geben konnten. Doch für O'Neill war das nicht genug.

Sein Vater, der unter einem negativen Selbstbild litt, versuchte, dies durch harte Arbeit zu überwinden. Als Mann, der sich hochgearbeitet hatte und in seiner Kindheit mit vielen Schwierigkeiten hatte fertig werden müssen, konnte O'Neills Vater die Liebe zu seiner Familie nur in materieller Weise zeigen. Niemals legte er den Arm um O'Neill. Niemals sagte er ihm, daß er ihn liebt oder stolz auf ihn sei.

O'Neills Mutter war eine Frau, die sich nach Nähe und Geborgenheit sehnte. O'Neill glaubt nicht, daß sie diese Geborgenheit jemals gefunden hat. Bevor sie starb, versuchte sie, die Sehnsucht ihres Herzens durch eine Vielzahl von Aktivitäten zu stillen – in der Kirche, in Frauenvereinen und anderen Gruppen in ihrer Gemeinde –, die ihre ganze Zeit beanspruchten. Sie war einsam und voller Ängste. Und ihre Ängste machten sie dominierend, herrisch und besitzergreifend.

Als das älteste von drei Kindern in dieser Familie, die nicht viel Geborgenheit geben konnte, bemühte sich O'Neill um die Annahme, Liebe und Anerkennung der Eltern, indem er so war, wie sie es wünschten. Er war der gehorsame, gute, erfolgreiche Sohn, der seinen jüngeren Geschwistern immer als Vorbild dargestellt wurde. (Sein Bruder nimmt es ihm heute noch übel.)

Bei genauerer Betrachtung war O'Neills Leben jedoch eine ständige Qual. Als »Muttersöhnchen« durfte er nicht mit den Nachbarskindern toben und raufen; die Mutter griff immer ein. Als er auf eine höhere Schule kam, galt O'Neill schon bald als der größte Schwächling der ganzen Schule. Ein Junge machte sich einen Spaß daraus, ihn jeden Morgen zu quälen, indem er ihn zum Kampf herausforderte, ihn herumstieß und ihn solange peinigte, bis ihm die Tränen kamen. Dieser Junge war der Schrecken in O'Neills Leben, genau wie vorher ein anderer Junge während der Grundschulzeit. O'Neill konnte nicht weglaufen, aber er war auch zu ängstlich, um zu kämpfen. Er hatte kein Vertrauen in seine Fähigkeit, sich selbst zu verteidigen. Seine Klassenkameraden kamen zu der Überzeugung, daß ein Weichling wie er sicherlich spitzenbesetzte Unterwäsche tragen würde. Der Spitzname »Spitzie«, mit dem sie ihn verspotteten, verfolgte ihn viele Jahre.

Was die Dinge noch schlimmer machte, war O'Neills heimliche Angst, jemand könnte herausfinden, daß er ein chronischer Bettnässer war. Bis zum Alter von fünfzehn Jahren konnte er niemals bei einem Freund übernachten, was seine Einsamkeit und Minderwertigkeitsgefühle nur noch verstärkte.

Sein Vater hatte kein Verständnis für das Bettnässen. Er reagierte darauf mit Zorn, als ob O'Neill es absichtlich täte, um ihn zu ärgern.

Die Hänseleien, das Bettnässen und die normalen Pubertätsprobleme machten seine Jugendjahre zur Qual. Da er keine richtigen Freunde hatte, trat O'Neill einer Pfadfindergruppe bei. Doch die Hänseleien folgten ihm auch hierhin. Seine Gefühle der Angst und der mangelnden Selbstachtung verzehrten ihn förmlich. Er war von Zorn erfüllt und hatte doch keine Möglichkeit, ihn auszudrücken.

Dann kam er zum amerikanischen Football, und er entwickelte seine sportlichen Fähigkeiten. Da er von großer Statur war, gute sportliche Begabungen hatte und seine gutgepolsterte Footballuniform ihn zudem noch weitgehend vor Stößen und Verletzungen schützte, fand O'Neill den Mut, seine Gegner zu Boden zu schlagen. Er wurde in seiner Mannschaft immer leistungsfähiger. Von diesem Zeitpunkt an wurde er allmählich von seinen Klassenkameraden respektiert, und er begann, sich selbst auch zu respektieren.

Schließlich hörte das Bettnässen auf, und die Welt sah schon ganz anders aus. In seinem letzten Schuljahr nahm die Footballmannschaft an Entscheidungsspielen teil. O'Neill bekam jedoch keine Auszeichnungen, weil der Mann, der in der Gegend dafür zuständig war, eine Abneigung gegen O'Neills Vater hatte. Natürlich war das für den Sohn sehr verletzend. Und er schaffte es noch immer nicht, seinen Spitznamen abzulegen.

Auch in seinen späteren Teenagerjahren fand er eine geeignete Umgebung, in der er sich weiterentwickeln konnte. Die kirchliche Jugendgruppe wurde ihm wichtig. O'Neill stellte fest, daß er in der Kirche »ein großer Fisch im kleinen Teich« sein konnte. Er wurde zum Leiter der Jugendgruppe an seiner Schule gewählt und fand dadurch die Anerkennung der Erwachsenen. Er wurde sogar auf Kreisebene zum Leiter der Jugendgruppen gewählt. Während eines von der Kirche veranstalteten Sommerlagers traf er die Entscheidung, sein Leben ganz in den Dienst der Kirche zu stellen.

O'Neills Laufbahn am College begann mit einer Enttäuschung. Ein Trainer an einer der großen Universitäten hatte ihm ein Stipendium im Fach Football in Aussicht gestellt. Als der Zeitpunkt der Immatrikulation gekommen war, wollte der Trainer ihm dann plötzlich kein Stipendium mehr geben, mit der Begründung, er sei nicht gut genug.

Erfüllt von tiefem Zorn, war O'Neill entschlossen, dem Trainer und sich selbst zu beweisen, daß er doch fähig war, an einer Universität Football zu spielen. Er immatrikulierte sich ohne das Stipendium und machte sich daran, seine sportlichen Fähigkeiten unter Beweis zu stellen. Im Frühjahr seines ersten Studienjahres wurde O'Neill in die Mannschaft aufgenommen, bekam ein Stipendium und zog in das Sportlerwohnheim ein.

Der Trainer jedoch hatte eine Abneigung gegen ihn. O'Neill rauchte nicht und trank keinen Alkohol; er trainierte das ganze Jahr über und galt allgemein als netter Kerl. Der Trainer tat alles, um ihm zu schaden: Er schickte ihn auf's Spielfeld und nahm ihn wieder vom Platz, äußerte falsche Beschuldigungen gegen ihn, setzte ihn und mehrere andere Mannschaftsmitglieder auf die Ersatzbank, kündigte ihm an, er würde ihn nie wieder einsetzen, unterließ es, ihm die verdiente Urkunde zu überreichen, und kümmerte sich nicht um seine Auszeichnungen. Der Kummer hierüber ging beinahe über das Maß hinaus, das O'Neill ertragen konnte, aber er dachte an die Lebensphilosophie seines Vaters: »Wenn er damit leben kann – ich bin nicht darauf angewiesen!«

O'Neills Wochenenden im College waren Zeiten großer Einsamkeit und Depression. Manchmal war sein Zorn so groß, daß er sogar schon Selbstmordgedanken hegte. Er stieg dann ins Auto und fuhr los und suchte sich entweder ein Mädchen oder einen Streit, bei dem er sich abreagieren konnte. Die ganze Zeit bereitete er sich weiter auf das geistliche Amt vor, obgleich er genau wußte, daß er keinen christlichen

Lebenswandel führte. Nach einiger Zeit brachte sein Verhalten im College ihm bei seinen Mannschaftskameraden einen neuen Spitznamen ein. Sie nannten ihn »Prediger«, weil er ja beabsichtigte, Pfarrer zu werden.

O'Neill hatte noch immer keine richtigen Freunde. Er hatte Angst, jemand könne herausfinden, daß er in seinem tiefsten Inneren eigentlich ein kleiner, ängstlicher Junge war. Er war überzeugt, daß niemand ihn gern haben könnte, weil er sich selbst überhaupt nicht leiden konnte. Immer noch war er ein einsamer, still leidender Mensch.

Im Sommer, der auf sein erstes Jahr am College folgte, nahm er zum ersten Mal in seinem Leben die eigentliche Bedeutung des Evangeliums von Jesus Christus wahr. Er nahm Christus an in der Erwartung, daß sein Leben sich nun endlich vollkommen wandeln würde. Doch nichts schien sich zu ändern. Die Einsamkeit, die Minderwertigkeitsgefühle und der Zorn waren nach wie vor da. Es ging ihm schließlich schlechter als je zuvor. Er wußte, daß Christus in seinem Leben war, doch sein Leben hatte sich überhaupt nicht verändert.

Während seines letzten Studienjahres am College lernte O'Neill seine spätere Frau kennen, und sie heirateten noch in den Semesterferien. Die Ehe brachte O'Neills Minderwertigkeitsgefühle nur noch mehr zum Vorschein. Er konnte sich seiner Frau nicht mitteilen, weil er sich davor fürchtete, sich ihr in seinem wahren Charakter zu erkennen zu geben. Ihre Ehe war eigentlich nur ein Nebeneinanderherleben.

Nach dem Studium arbeiteten die beiden in einem christlichen Zeltlager in Kalifornien. Dieser Sommer wurde der entscheidende Wendepunkt in O'Neills Leben. Im Lager lernte er einen christlichen Seelsorger kennen, der ihm Mut machte, sein Leben zu ändern. Schon nach einem kurzen Gespräch am Nachmittag setzte eine entscheidende Wende in O'Neills Leben ein.

In den Jahren, die seit diesem Sommer vergangen sind, hat Gott fortwährend an ihm gearbeitet, um ihn von seinen Ängsten, seinem Zorn und seinen Minderwertigkeitsgefühlen zu heilen. O'Neill hat viele Stunden damit verbracht zu versuchen, sich selbst zu verstehen. Er hat gebetet, die Bibel studiert und die Seelsorge in Anspruch genommen. Seine Frau und er haben viele Stunden bei einem Therapeuten verbracht. Zeitweise schien der Kampf fast aussichtslos zu sein, aber heute ist O'Neill nicht mehr der Mensch, den ich eben beschrieben habe. Er ist anders geworden. Sein Selbstbild hat einen Wandel durchgemacht, der auch heute noch nicht abgeschlossen ist.

Heute empfindet er keine Verbitterung mehr, obwohl ihm manchmal noch die Tränen kommen, wenn er an die seelischen Qualen seiner

Kindheit zurückdenkt. Er ist an der Mehrzahl dieser Wunden gewachsen und kann heute aufrichtig sagen, daß er für die erlittenen Schmerzen dankbar ist. Aufgrund seiner Erfahrungen hat er im Laufe der Jahre vielen leidenden Menschen helfen können.

»Gelobt sei Gott, der Vater unseres Herrn Jesus Christus, der Vater der Barmherzigkeit und Gott allen Trostes, der uns tröstet in aller unserer Trübsal, damit wir trösten können, die in allerlei Trübsal sind, mit dem Trost, mit dem wir selber getröstet werden von Gott« (2. Kor. 1. 3–4).

Meine eigenen Erinnerungen

In der Kleinstadt, in der ich aufwuchs, legten meine Lehrer großen Wert auf korrekte Grammatik, aber ich verstand das einfach nicht. Ich lernte niemals, was eine doppelte Negation war. Vom korrekten Gebrauch des Dativs hatte ich noch nie gehört. »Eis mit Früchte« reichte zu Hause völlig aus, um sich verständlich zu machen.

Im zweiten Schuljahr versuchte Frau Duel, mich von meiner Linkshändigkeit abzubringen und mich zum Gebrauch der rechten Hand anzuleiten. Ich mußte mich an den Tisch setzen, und sie forderte mich auf: »Baue mir ein Haus aus Bausteinen.« Sobald ich die linke Hand ausstreckte, schlug sie sofort mit einem Lineal auf die Hand und sagte: »Halt, überlege es dir noch einmal. Nimm die rechte Hand!« Diese Erfahrung bewirkte bei mir einen Sprachfehler. Immer wenn ich ängstlich, nervös oder müde wurde (gewöhnlich in der Schule), fing ich an zu stottern. Im stillen war meine Antwort auf Frau Duels Anstrengungen dann schließlich: »Bauen Sie Ihr blödes Haus doch selber!«

In der fünften Klasse sollte ich eine Rede von Abraham Lincoln aufsagen. Vor der ganzen Klasse forderte mich Herr Elliott auf: »Los, nun sag es doch. Hör' auf zu stottern und sag' es endlich!« Ich sprang auf von meinem Stuhl und rannte weinend vor allen meinen Freunden aus dem Klassenzimmer.

Wenn mein Bruder in den Ferien vom College nach Hause kam, korrigierte er ständig meine Sprache. Ich wagte gar nicht mehr, etwas zu sagen, wenn er anwesend war. Ich dachte, er wolle mich nur kritisieren. Mir war nicht klar, daß er mir eigentlich helfen wollte.

Hinzu kam die Trunksucht meines Vaters. Meine Freunde kamen manchmal in die Schule und machten Witze über meinen Vater, der betrunken in der Stadt gesehen worden war. Sie ahnten nicht, wie sehr mich ihre Witze verletzten. Nach außen hin lachte ich zwar mit, aber innerlich weinte ich.

Manchmal, wenn ich hinausging zum Stall, fand ich meine Mutter hinter den Kühen im Mist liegend vor. Mein Vater hatte sie so schwer verprügelt, daß sie nicht mehr allein aufstehen konnte. Zweimal lief sie von zu Hause fort.

Wenn wir Besuch von Freunden erwarteten, brachte ich meinen Vater hinaus, sperrte ihn im Stall ein und parkte das Auto hinter dem Silo. Wir erzählten unseren Freunden, er sei weggefahren.

Ich glaube, niemand kann einen Menschen mehr hassen als ich damals meinen Vater. Mehrmals habe ich ihn, rasend vor Wut, fast umgebracht.

Um auf mein Selbstbild zu kommen: Ich war allergisch gegen mich selbst!

Um meine Schwächen zu kompensieren und es den Menschen rechtzumachen , die mich in meinem Leben quälten, lernte ich eifriger als alle anderen, machte meine Hausaufgaben und trieb fleißig Sport. Die Folge war, daß ich in allen Fächern sehr gute Noten erreichte, obwohl ich selbst immer Angst hatte zu versagen.

Als ich dann auf das College kam, holte mich meine schlechte Grammatik ein. Sie war so schlecht, daß mir gesagt wurde, ich sei ein Kandidat für eine Sechs. Ich traute mich nicht mehr, im Unterricht den Mund aufzumachen. Ich erinnere mich an eine Unterrichtsstunde im ersten Jahr, als die Dozentin fragte: »Wo ist Robert?« Ich meldete mich zu Wort und sagte: »Er ist schlecht.« Vor der ganzen Klasse korrigierte mich Dr. Hampton: »McDowell, Sie meinen wohl, *ihm* ist schlecht.« Ich sah sie völlig überrascht an. Mir war der Unterschied nicht klar.

Dann sagte mir ein Professor, daß ich zwei gute Eigenschaften besäße. Erstens sei ich in der Lage, Argumente und Tatsachen logisch zu verknüpfen, um eine Aussage zu beweisen. Zweitens verfügte ich über außerordentliche Willensstärke und Durchsetzungsvermögen. Er empfahl mir, Rechtswissenschaften zu studieren. Als ich nun die Hoffnung hatte, daß ich in meinem Leben doch von anderen respektiert werden würde, malte ich mir im Geiste noch viel höhere Ziele aus. Ich dachte mir eine Strategie aus, mit deren Hilfe ich es innerhalb von fünfundzwanzig Jahren bis zum Gouverneur des Staates Michigan bringen würde. Der erste Schritt dahin war, zum Klassensprecher gewählt zu werden, und das konnte ich schon bald auf meiner Liste als erledigt abhaken.

Mit meinen neuentdeckten logischen Fähigkeiten entschloß ich mich, als Semesterprojekt eine Arbeit über das Christentum zu schreiben. Ich wollte darin die christliche Lehre gründlich widerlegen, weil ich eine unbefriedigende Begegnung mit einer evangelistischen Gruppe gehabt hatte. Kurz nach Beginn des Projektes traf ich eine Gruppe christlicher Studenten. Über ein Jahr lang stritt ich mich mit ihnen über den

Wahrheitsgehalt der christlichen Lehre. Nachdem ich mich aber eingehend damit befaßt hatte, erkannte ich, daß ich die christliche Lehre nicht widerlegen konnte.

Aber noch gab ich nicht auf. Auch wenn Jesus Wunder vollbracht hatte und von den Toten auferstanden war, schien er mir doch eine Art Spielverderber zu sein. Ich hatte keine Lust, mir von irgend jemandem den Spaß am Leben verderben zu lassen. Mehr als ein Jahr später, nachdem ich eine schlaflose Nacht damit verbracht hatte, mir Gedanken darüber zu machen, gab ich nach. Ich sagte zu Gott: »Ich habe es nicht wahrhaben wollen, aber ich glaube jetzt, daß es dich gibt.« Ich gestand ihm, daß ich im Unrecht gewesen war und gesündigt hatte – und bat ihn um Vergebung. Ich übergab ihm mein Leben und bat ihn, es so umzuwandeln, daß es dem meiner christlichen Freunde ähnlich würde.

Zuerst ging es mir nicht besser. Es ging im Gegenteil bergab. Ich fragte mich, ob ich unüberlegt gehandelt hatte. Aber nach etwa sechs bis achtzehn Monaten stellte ich doch eine Veränderung in meinem Leben fest. Eine Art seelischen Friedens trat allmählich an die Stelle meiner bisherigen Ruhelosigkeit. Meine Zornesausbrüche legten sich. Vorher war ich schon »aus der Haut gefahren«, wenn mich nur jemand schief angesehen hatte, und in meinem ersten Jahr am College hatte ich beinahe einen Menschen umgebracht. Ich unternahm gar nicht den Versuch, mein Temperament zu zügeln. Ich stellte nur eines Tages fest, daß ich in einer Situation ruhig blieb, die mich früher rasend gemacht hätte.

Ich hatte jedoch noch andere Schwächen zu überwinden. Doch Schritt für Schritt – manchmal waren es Riesenschritte – legte ich auch diese ab. Als ich dann auf das Wheaton College, ein christliches College, überwechselte, hatte ich einen schweren Kampf mit mir auszufechten, weil ich alles, was ich hatte, dem Herrn übergeben sollte. Dazu war ich nicht bereit, weil ich fürchtete, er könne von mir verlangen, Prediger zu werden, und das bedeutete nur eines für mich: Ich würde in der Öffentlichkeit sprechen müssen. Damals waren meine schlechte Grammatik und mein Stottern so stark ausgeprägt, daß ich der Meinung war, ihm »alles« zu geben, sei viel zu wenig.

Schließlich sagte ich: »Gott, ich glaube nicht, daß ich irgendwelche rhetorischen Fähigkeiten habe; ich habe überhaupt keine Begabungen. (In Wirklichkeit hatte ich durchaus welche, aber das glaubte ich nicht.) Ich stottere, wenn ich Angst habe, und meine Grammatik ist eine Katastrophe. Hier sind meine Grenzen, du kannst doch nicht im Ernst wollen, daß ich Prediger werde. Aber wenn du alle diese Grenzen hinnimmst und etwas daraus machen kannst, dann will ich dir den Rest meines Lebens dienen.«

In den Händen eines Gottes ohne Grenzen sind gerade diese Schwächen zu Stärken geworden, und ich bin jetzt in der Lage, zu Millionen von Menschen von ihm zu sprechen. Ich bin überzeugt, daß ich jetzt ein Leben führe, das mich Grenzen überwinden läßt, weil Gott in diesem Leben Realität geworden ist.

Gewiß sind meine Reden immer noch voller Grammatikfehler. Jedesmal, wenn ich zu sprechen beginne, bin ich mir meiner Schwächen und der Gnade Gottes bewußt. Aber ich weiß auch, daß er diese Veränderung bewirkt hat. Deshalb kann ich von ganzem Herzen sagen: »Danke, Gott, daß du mir meine Kindheit und meine Eltern gegeben hast.« Wenn sie nicht gewesen wären, dann wäre ich sicherlich nicht so geworden, wie ich heute bin.

Und ich bin »darin guter Zuversicht, daß der in *mir* angefangen hat das gute Werk, der wird's auch vollenden bis an den Tag Christi Jesu« (Phil. 1, 6).

Baustein sechs

Denken Sie über den folgenden Satz nach: »Ich bin nicht so, wie ich sein sollte – oder wie ich eigentlich geschaffen wurde –, doch dank Gottes Hilfe bin ich nicht mehr so, wie ich einmal war, und mit der Gnade Gottes werde ich nicht so bleiben, wie ich jetzt bin.« Überlegen Sie, wie und ob dieser Satz auf Sie zutreffen könnte.

Schreiben Sie fünf Eigenschaften auf, in denen Sie nicht so sind, wie Sie eigentlich sein sollten oder geschaffen wurden.

_____

_____

_____

_____

Schreiben Sie fünf Eigenschaften auf, für die Sie Gott danken können, weil Sie an diesen Punkten nicht mehr so sind wie früher.

_____

_____

_____

_____

Schreiben Sie fünf Charaktereigenschaften auf, von denen Sie hoffen (und erwarten), daß Sie sie durch Gottes Gnade in der Zukunft erlangen.

_____

_____

_____

_____

7

Der Verlust des Vaters

Wissenschaftlichen Prognosen zufolge wird im Jahre 1990 jedes vierte Kind in den Vereinigten Staaten bei einem alleinerziehenden Elternteil aufwachsen – in den meisten Fällen bei der Mutter. Dieser Trend zeichnet sich schon seit einigen Jahren ab.

Noch mehr Kinder haben jedoch wie die beiden Kinder, von denen im vorigen Kapitel die Rede war, unter einem Vater zu leiden, der zwar physisch im Elternhaus anwesend ist – zumindest nachts –, sich aber distanziert und passiv verhält, seinen Kindern keine Zuwendung gibt, sie zurückstößt, keine Beziehung zu ihnen entwickelt und sich kaum mit ihnen beschäftigt. Das ist, als ob man Kinder mit in ein Süßwarengeschäft nimmt, ihnen aber nicht gestattet, ihr Verlangen nach Süßem zu stillen, das sie beim Anblick der Süßigkeiten entwickeln.

In einem Artikel, der in der amerikanischen Zeitschrift »McCall's« erschien, beschrieb der Autor Max Lerner die sich wandelnde Rolle und den schwindenden Einfluß des Vaters in der amerikanischen Gesellschaft als ein Thema von größter Wichtigkeit:

> »Der schwindende Einfluß des Vaters ist vielleicht der zentrale Punkt in der sich wandelnden amerikanischen Familienstruktur von heute. Das tatsächliche Verschwinden des Vaters hat weitreichende Konsequenzen für die Frau und die Töchter, aber ich bin überzeugt, daß die Auswirkungen auf die Söhne die kritischsten sind.«[1]

Der inzwischen verstorbene ehemalige Leiter des amerikanischen Instituts für Familienbeziehungen (American Institute of Family Relations), Dr. Paul Popenoe, stellte in einem Artikel mit der Überschrift: »Why Are Fathers Failures?« (»Warum sind Väter Versager?«) eine noch weiterreichende Behauptung auf. Er schrieb: »Die Auffassung, Kinder beiderlei Geschlechts könnten sich in einer von zwei Geschlechtern geprägten Welt zurechtfinden, nachdem sie nur von einem Geschlecht geprägt worden sind, ist ganz sicher schädlich. Kinder brauchen vom Säuglingsalter an den Einfluß beider Geschlechter.«[2]

Im Jahre 1960 lag die Zahl der Kinder, die bei nur einem Elternteil aufwuchsen, unter zehn Prozent. Wie schon oben erwähnt, geht man davon aus, daß der Anteil zunimmt. Solche Statistiken sind alarmierend. Die Zahl der Kinder, die nicht den ausgewogenen Einfluß eines männlichen und eines weiblichen Elternteils spüren dürfen, wird noch um Millionen wachsen. Daraus ergeben sich Probleme im Leben dieser Kinder, die sie auch dann nicht loslassen werden, wenn sie längst erwachsen sind. Die emotionalen Narben, die sie davontragen, werden sich belastend auf ihre Persönlichkeitsentfaltung und ihre spätere Ehe auswirken und sie prägen, wenn sie einmal selbst Kinder haben.

Einer meiner Freunde stellte fest, wie stark die fehlende Vater-Kind-Beziehung die Persönlichkeitsentwicklung beeinträchtigt, als er bei Campus für Christus Personalleiter war. In dieser Position führte er Vorstellungsgespräche mit Hochschulabsolventen, die sich um Stellen als Mitarbeiter bewarben. Er stellte fest, daß die weiblichen Bewerber durchweg ein gesünderes, selbstbewußteres Selbstbild und Verständnis ihrer geschlechtlichen Identität zeigten als die männlichen Bewerber, die insgesamt ein schwächer entwickeltes Selbstbild und ein schwach ausgeprägtes Bewußtsein ihrer Rolle als Mann hatten. Alle Bewerber hatten hervorragende Leistungen nachzuweisen, sie waren die Besten der Besten: Leiter von Studentenverbindungen, Mitglieder von studentischen Körperschaften, Spitzensportler, hervorragende Wissenschaftler. Und doch waren die Männer hinsichtlich ihrer geschlechtlichen Rollenidentität und ihres Selbstbildes durchweg weniger selbstbewußt als die Frauen.

Das Fehlen des Vaters und die Auswirkung auf Jungen

In unserem Kulturkreis dient dem jungen Mädchen traditionsgemäß die Mutter als Rollenvorbild während der gleichgeschlechtlichen Phase des elterlichen Einflusses (Pubertät bis Erwachsenenalter). In dieser Phase haben Mädchen im allgemeinen eine engere Beziehung zu ihrem weiblichen Rollenvorbild als Jungen zu ihren männlichen Rollenvorbildern. Häufig ist die Vaterfigur nur selten anwesend, oder sie fehlt gänzlich im Leben der Söhne. Aufgrund einer engeren Beziehung zu ihrem elterlichen Rollenvorbild entwickeln Mädchen im allgemeinen ein gesünderes Selbstbild.

Wenn ich einen Wunsch frei hätte und ein Phänomen in unserer Gesellschaft ändern könnte, so würde ich das Problem des abwesenden, passiven oder unbeteiligten Vaters korrigieren. Meiner Meinung nach hat kein anderes Problem unserer Gesellschaft so sehr geschadet wie dieses.

Harold M. Voth, Leiter der psychiatrischen Abteilung und Psychoanalytiker der Menninger Foundation in Topeka, Kansas, schreibt folgendes:

> »Weitreichende und ernstzunehmende Konsequenzen ergeben sich, wenn die Ordnung innerhalb der Familie von der Norm abweicht. Bei eigentlich jedem Patienten, den ich persönlich behandelt habe, dessen Behandlung ich überwacht habe oder während einer Forschungsarbeit studiert habe, konnte ich eine ungewöhnliche familiäre Konstellation feststellen. Das häufigste Muster war die Familie, in der die Mutter die dominierende und aggressive Persönlichkeit und der Vater schwach und passiv war. Einige dieser Väter waren am Arbeitsplatz durchaus aggressiv und selbstbewußt, aber in ihrer Beziehung zur Ehefrau schüchtern und schwach. Die Frauen hatten in diesen Ehen ganz deutlich »das Sagen«.
>
> Ein anderes Muster war das einer schwachen Mutter, die dazu neigte, ihre Kinder an sich zu binden, und eines tyrannischen Vaters, der diktatorisch, aber unfähig war, die Nähe zu seiner Frau und zu seinen Kindern zu erfahren. Es sieht zwar so aus, als ob ein solcher Vater das Oberhaupt der Familie wäre, aber in Wirklichkeit hat die Frau den Großteil der Verantwortung und Autorität zu tragen, abgesehen von den Zeiten, in denen der Vater seine Anwesenheit durch zornige, gewöhnlich irrationale Gefühlsausbrüche bekundet. Manche Frauen sind aus der Notwendigkeit heraus gezwungen, neben ihrer Rolle der Mutter zusätzlich die des Vaters zu übernehmen. Diese Frauen sind zwar weiblich, doch die Abwesenheit des Vaters bürdet ihnen die ganze Verantwortung auf; die Auswirkungen dieses Familienmusters sowohl auf die Kinder als auch auf sie selbst sind nicht gut. Väter und Mütter können feindselig, ablehnend, übermäßig ängstlich oder besitzergreifend sein. In manchen Fällen ist eine Autoritätsstruktur noch nicht einmal ansatzweise vorhanden. Manche Eltern übernehmen nur sporadisch Verantwortung. Alle beschriebenen familiären Konstellationen wirken sich negativ auf die Persönlichkeitsentfaltung des Kindes aus.
>
> Starke Väter und starke Mütter (im weiblichen Sinne – starke Weiblichkeit ist nicht mit Aggressivität gleichzusetzen), die einander lieben, sich gegenseitig unterstützen und deren Rollen klar definiert sind, ziehen gesunde Kinder auf. Wird dieses Muster in irgendeiner Weise gestört, hat dies bei den Kindern eine Vielzahl emotionaler Störungen zur Folge.«[3]

Die industrielle Revolution und die Rolle des Vaters

Wie es scheint, begann dieses Problem bereits während der industriellen Revolution und der Urbanisierung der Gesellschaft. Solange unsere Gesellschaft von der Landwirtschaft geprägt war, war die Vaterfigur der entscheidende und dynamische Faktor im Familienleben und nahm somit auch einen wichtigen Einfluß auf die Entwicklung des Kindes. Da seine Arbeit und seine berufliche Entwicklung zu Hause stattfanden, hatte er engeren Kontakt zu den Kindern, und meistens arbeiteten sie auch gemeinsam. Ein Unterhaltungsangebot von außen, wie heute das Fernsehen, gab es noch nicht, und so wurden in der Familie die Abende gemeinsam verbracht, was auch dazu beitrug, daß die Kinder eine engere Beziehung zum Vater entwickeln konnten.

Heutzutage arbeitet der Vater gewöhnlich außer Hause, und die Kinder lernen nur selten seinen Arbeitsplatz kennen. Häufig wissen sie noch nicht einmal, wie sein Beruf aussieht. Die Kinder sehen ihn vielleicht beim Frühstück oder Abendessen, und manchmal nicht einmal dann. Manche Väter sind die ganze Woche über unterwegs und brauchen das ganze Wochenende, um sich von den Anstrengungen der Woche zu erholen. Im Leben ihrer Kinder spielen sie so gut wie gar keine Rolle. Nach neueren Forschungsergebnissen beschäftigt sich der durchschnittliche Vater in Amerika weniger als sechs Minuten in der Woche intensiv mit seinen Kindern.

Kinder ohne intakte Mutterbeziehungen sind seltener; andererseits haben Kinder, die in unserer Gesellschaft ohne Mutter aufwachsen, häufig die Möglichkeit, ersatzweise eine Beziehung zu anderen weiblichen Autoritätspersonen aufzubauen, während Kindern ohne Vater diese Möglichkeit nicht gegeben ist. Ersatzmütter finden sich unter den Lehrerinnen in der Sonntagsschule oder der Grundschule, bei den Leiterinnen von Pfadfindergruppen oder von Sportgruppen.

Mehr oder weniger ist die große Mehrheit der amerikanischen Bevölkerung von dem Problem einer nicht funktionierenden Vaterbeziehung betroffen. Es ist eine Epidemie mit vielen Ursachen und weitreichenden Konsequenzen.

Konsequenzen für die Frauen

An Mädchen und Frauen, deren Väter ihrer Rolle nicht gerecht wurden, sind zahlreiche Symptome erkennbar, von denen die offenkundigsten meist die größten Schwierigkeiten bereiten. Töchter sind am stärksten in der Phase des Einflusses des gegengeschlechtlichen Elternteils (3 Jahre bis Pubertät) betroffen. Wenngleich die Heranwachsenden auch in den Jahren nach der Pubertät noch beeinflußt werden können, sind die Auswirkungen aus der präpubertären Phase ungleich gravierender.

Erfährt ein Mädchen während der Vorschul- und Grundschuljahre nicht die warme, liebevolle, zärtliche, herzliche Beziehung zu ihrem Vater, kann es sein, daß sie später als Frau allen Männern grundsätzlich mit Mißtrauen begegnet. Sie mag sich der Ursache oder des Ausmasses dieses Mißtrauens nicht bewußt sein, aber es ist da. Es hat seine Wurzeln in ihrer Beziehung zum Vater, wird aber auf andere Männer in ihrem Leben übertragen (d. h. verlagert).

Ein zweites Problem, das bei Frauen häufig auftritt, ist das Problem der Männerfeindlichkeit. Auch hier wieder liegt der Ursprung in einer tiefen Verbitterung darüber, daß der Vater auf die Bedürfnisse des kleinen Mädchens nicht eingegangen ist. Diese Feindlichkeit kann unbewußt sein, aber genau wie das Mißtrauen wird auch sie auf andere Männer im Leben der Frau übertragen.

Ein drittes mögliches Problem ist ein ausgeprägtes Bedürfnis nach Zuneigung und Aufmerksamkeit von Männern. Das Fehlen einer warmen, zärtlichen Beziehung zum Vater während der heterosexuellen Phase kann bei einer Frau ein fast unstillbares Verlangen nach Zuwendung und Geborgenheit in den Armen eines Mannes hinterlassen.

Die Vaterbeziehung in der Ehe

Ein weiteres Problem ist die Konsequenz der drei oben beschriebenen. Diese Frauen haben häufig eheliche und sexuelle Probleme, die sie nicht verstehen und auch nicht unter Kontrolle bekommen. Ein sehr häufiges Eheproblem besteht darin, daß die Frau sich ihrem Mann gegenüber gefühlsmäßig so verhält, als sei er ihr Vater. In jeder Ehe findet eine gewisse Verlagerung von Gefühlen auf den Partner statt, die eigentlich dem gegengeschlechtlichen Elternteil galten. Dies ist besonders problematisch in der Ehe, wenn die Frau aus einem Elternhaus stammt, wo der Vater seiner Rolle nicht gerecht wurde. Gefühlsmäßig verhält sie sich ihrem Mann gegenüber so, als sei er ihr Vater, und sucht die Erfüllung ihrer emotionalen Bedürfnisse, die der Vater ihr nicht geben konnte, bei ihrem Ehemann.

Diese Gefühlsverlagerung kann vor allem im sexuellen Bereich der Ehe sehr schädlich sein. Eheberater berichten von Frauen, die angaben, sie verspürten beim Gedanken an Geschlechtsverkehr mit ihrem Ehemann eine starke Abneigung, ähnlich der Abscheu, die sie empfinden würden, sollte der Vater sie sexuell belästigen. Da ihr Bedürfnis nach einer nichterotischen, väterlichen Zärtlichkeit nicht gestillt worden ist, reagieren sie auf die körperliche Zärtlichkeit ihres Partners so, als ginge die Zuwendung des Vaters in ein sexuelles Vorspiel über. Diese Frauen projizieren anscheinend das Mißtrauen und die Feindlichkeit, die sie ihrem Vater gegenüber empfinden, auf ihren Ehepartner, was es ihnen sehr schwermacht, den sexuellen Bedürfnissen des Mannes gerecht zu werden.

Vor der Ehe, so berichten Eheberater weiter, waren manche dieser Frauen in ihrem Streben nach Erfüllung des Liebesbedürfnisses sehr freizügig. Ohne das Gefühl einer vollkommenen oder lebenslangen Bindung, wie sie die Ehe ist, führte ihr Verlangen nach Liebe und Zuwendung bei ihnen zu einer sexuellen Freiheit; nachdem sie dann aber den Bund der Ehe eingegangen waren, blockierte ihr vatergerichtetes Mißtrauen und ihre Feindlichkeit ihm gegenüber jegliche Freiheit.

Ausgesprochen freizügige Frauen haben zugegeben, daß der Reiz für sie nicht in der sexuellen Handlung an sich lag, sondern in ihrem Hunger nach Zuwendung. Viele sagen, sie hätten ihren Körper nur hingegeben, um die Zuwendung zu erlangen, nach der sie sich sehnten.

Das Bedürfnis nach väterlicher Zuneigung während der Kindheit ist demnach die Wurzel der sexuellen Promiskuität, die heute von vielen jungen Frauen praktiziert wird. Mädchen, die in ihrem Elternhaus eine gute, enge Beziehung zum Vater erlebt haben, haben ihre Gefühle im allgemeinen besser unter Kontrolle und lassen sich nicht zur Promiskuität verleiten.

Konsequenzen für die Männer

Das Fehlen einer warmherzigen, liebevollen, zärtlichen Vaterfigur wirkt sich ebenso auf das Leben eines Jungen aus. Am stärksten wirkt es sich aus in der mit der Pubertät beginnenden Phase des elterlichen Einflusses, in der die Jungen eine männliche Autoritätsperson als Rollenvorbild am meisten brauchen.

Ein Junge, der keine intakte Beziehung zu seinem Vater hat, wächst mit einem nur schwach entwickelten Männlichkeitsbewußtsein auf. Er hat als Mann später nur wenig Selbstvertrauen. Weil ihm eine intakte Beziehung zu seinem Vater gefehlt hat, ist es schwierig für ihn zu wissen, was es bedeutet, »ein Mann zu sein«.

Die meisten Männer gestehen dieses Gefühl der Unzulänglichkeit in ihrem Leben nur selten ein, wenn überhaupt. Viele glauben, sie müßten ständig eine Maske des Selbstbewußtseins tragen. Wenn sie aber plötzlich mit ihrem Leben nicht mehr fertig werden und gezwungen sind, die Hilfe eines Seelsorgers in Anspruch zu nehmen, gestehen sie diesem gegenüber (aber nur ihm gegenüber) ihre wahren Bedürfnisse ein.

Männlichkeitsbeweise

Infolge ihres unterentwickelten Männlichkeitsbewußtseins meinen unsichere Männer häufig, sie müßten sich und der Welt beweisen, daß sie wahre Männer sind. Auf mannigfaltige Weise versuchen sie, sich selbst und andere von ihrer Männlichkeit zu überzeugen. Sie sind empfänglich für den in unserer Gesellschaft verbreiteten »Macho-Kult«. Wahre Männer sind robuste, nüchterne, leistungsorientierte Individualisten, die sich stets in der Gewalt haben. Große Jungen weinen nicht.

Um sich zu beweisen, daß sie in der Lage sind, diesen Vorstellungen gerecht zu werden, ist ihr Streben nach Statussymbolen, Titeln und akademischen Graden im allgemeinen viel ausgeprägter als bei Frauen. Sie suchen ihre Männlichkeit durch Leistungen oder Errungenschaften, besonders auf materiellem Gebiet, zu beweisen. Wenn ich mehr Geld verdiene und mehr erreiche als andere Männer, muß ich ein »besserer Mann« sein als der Durchschnittsmann. Mann-gegen-Mann-Wettkämpfe werden zum Beweis der Männlichkeit ausgetragen. Wenn ich dich schlage, sei es beim Damespiel oder beim Fußball, bin ich als Sieger natürlich »der bessere Mann«. (In meiner Kindheit maß ich Wettkämpfen großen Wert bei.) Manche Männer suchen ihre männlichen Qualitäten durch sexuelle Eroberungen zu beweisen. Seit mehreren Jahrzehnten schon wird in unserer Gesellschaft der »James-Bond-Typ« verherrlicht, ein Männertyp, der erfolgreich Frauen verführt und auch vor Gewalt und Intrigen nicht zurückschreckt.

Seit einiger Zeit geht der Trend jedoch dahin, den fürsorglichen, empfindsameren Mann als den wahren Mann darzustellen. Viele Ehemänner und Familienväter – meist jüngere, und unter ihnen viele Christen – sind entschlossen, diese Qualitäten in ihrem Leben zu entwickeln. Dieser Wandel, so glaube ich, birgt Hoffnung für die kleinen Kinder, die heute aufwachsen. Um jedoch diese fürsorglichen Qualitäten möglichst erfolgreich entwickeln zu können, ist es erforderlich, daß diese Männer sich der Entbehrungen im eigenen Elternhaus bewußt werden.

Frauenfeindlichkeit und Angst vor Frauen

Ein zweites Problem, das man häufig bei Männern aus Familien mit schwacher oder fehlender Vaterfigur beobachtet, ist die Frauenfeindlichkeit. Dies rührt vermutlich daher, daß die Mutter (oder die Ersatzmutter) versucht, die Abwesenheit oder Passivität des Vaters zu kompensieren.

Im Alter von zehn oder elf Jahren haben Jungen im allgemeinen genügend Mutterliebe empfangen, daß sie bereit sind, sich stärker dem männlichen Einfluß auszusetzen. Je stärker, dominierender oder beherrschender die Mutter sich in ihrem Streben verhält, die mangelnde Aufmerksamkeit des Vaters wettzumachen, um so ausgeprägter wird die Feindlichkeit und Verbitterung des Sohnes (auch wenn die Mutter mit den besten Absichten handelt). Weil der Sohn gleichzeitig seine Mutter auch bewundert und respektiert, geschieht es häufig, daß er ihr gegenüber ambivalente Gefühle entwickelt und sich weigert, seine Feindlichkeit und Verbitterung einzugestehen. Er würde seine Mutter niemals verletzen wollen, aber er würde alles tun, um ihren emotionalen und physischen Bekundungen der Zuneigung so schnell wie möglich zu entfliehen. Als Erwachsener projiziert der Sohn die seiner Mutter gegenüber empfundene Verärgerung oder gar Wut dann auf andere Frauen (in ähnlicher Weise wie auch Mädchen ihre gegen den Vater gerichtete Feindlichkeit und Verbitterung auf andere Männer projizieren).

Drittens ist als mögliche Folge der Mutterfeindlichkeit noch die Angst des Mannes zu nennen, als Erwachsener von einer Frau beherrscht zu werden. Mancher erwachsene Mann gelobt, sich nie wieder in seinem Leben von einer Frau beherrschen zu lassen. Häufig ist er sich dieser Art gar nicht bewußt, aber sie wird deutlich in der Art, wie er jegliche Nähe zu Frauen meidet. Für ihn ist die erotische Nähe die einzige Beziehung, in der er sich vor einer solchen Beherrschung sicher fühlt. Als Ehemann ist er entweder nachgiebig und still oder auch aufbrausend und gleichgültig. Es kann auch sein, daß er ständig körperlichen Kontakt sucht, um in der Ehe die Oberhand zu behalten. Wie auch immer der Mann sich verhält, diese Verhaltensmuster sind darauf abgestellt, die Ketten weiblicher Herrschaft zu sprengen. Sie schaden der Ehe mehr, als viele Männer und Frauen glauben. Nur wenigen, die unter diesem Problem leiden, wird jemals klar, wie schädlich dieses Verhalten sich auf ihre Ehe auswirkt.

Viele Männer verhalten sich gegenüber ihren Frauen wie ein jugendlicher Sohn gegenüber seiner Mutter. Manche Frauen berichten, ihre Ehemänner verhielten sich wie Kinder und scheuten sich davor, in der Familie oder im Haushalt Verantwortung zu übernehmen. Durch die Bitten oder Ermahnungen der Frau fühlt sich der Mann an die Bitten und Ermahnungen seiner Mutter erinnert, und deshalb reagiert er auf sie in derselben abweisenden Art wie als Jugendlicher.

Probleme bei Männerfreundschaften

Ein viertes Problem, das bei Männern ohne Vaterbindung beobachtet wird, ist das Bedürfnis nach tiefgehenden Beziehungen zu Männern, gleichzeitig aber auch die Angst davor. Die Vater-Sohn-Beziehung sollte ein Übungsfeld und gleichzeitig Lehrmodell für gute Beziehungen zwischen Männern sein. Da sie solche Beziehungen im Elternhaus niemals erlebt haben, wissen die meisten Männer nicht, wie man sie aufbaut. Manchmal haben sie vielleicht auch Angst, eine gute Männerfreundschaft könnte als Homosexualität ausgelegt werden. Neuere Studien belegen, daß die meisten Männer in unserer Gesellschaft keinen richtigen Freund haben, dem sie sich anvertrauen können. In »The Hazards of Being Male« (»Die Risiken des Mannseins«) schreibt Herb Goldberg über die verlorene Kunst der Kameradschaft. Wenn im Gespräch unter Männern die Themen Wetter, Sport, Börsenkurse, Zinssätze und vielleicht noch die attraktive neue Sekretärin im Büro erschöpft sind, haben sie sich nichts mehr zu sagen.[4]

Ein weiteres Problem in diesem Themenbereich ist die Homosexualität unter Männern, die sich schneller zu verbreiten scheint als die lesbische Liebe unter Frauen. Das Bedürfnis nach einer Beziehung zu einem Vaterersatz und die gleichzeitige Angst und Feindlichkeit gegenüber Frauen scheint Männer für Homosexualität empfänglich zu machen. Der Wunsch nach Nähe zu einer Vaterfigur vereint sich mit sexuellen Bedürfnissen und dem Verlangen nach Zuwendung, was manche junge Männer dann in einer homosexuellen Beziehung zu verwirklichen suchen.

Einige Therapeuten wie Arthur Janov, Autor von »Anatomie der Neurose – die wissenschaftliche Grundlegung der Urschrei-Therapie«[5], vertreten die Auffassung, das Ziel der Homosexualität sei die Heterosexualität. Ein Mann sucht sein ungestilltes Bedürfnis nach väterlicher Nähe aus der Kindheit durch homosexuelle Beziehungen zu befriedigen, um die nötige Reife für heterosexuelle Beziehungen zu erlangen. (Das gleiche gilt auch für Lesbierinnen, die während ihrer Kindheit eine liebevolle Mutterbindung entbehrt haben.) Wenn Janovs These zutrifft, müßten irgendwann in der Zukunft immer mehr Männer aus der Homosexuellenszene aussteigen. Viele dieser »Aussteiger« werden dies jedoch heimlich tun, aus Angst, die in der Homosexuellenszene geschlossenen Freundschaften zu verlieren und aus Furcht davor, daß man sie als ehemalige Homosexuelle in die normale Gesellschaft nicht wieder aufnimmt.

Der Teufelskreis geht weiter

Die meisten Männer in unserer heutigen Gesellschaft sind zu einem gewissen Grade vom Problem des passiven, gleichgültigen, häufig abwesenden Vaters betroffen. Das Problem hat in unserer Gesellschaft zu einem Teufelskreis geführt: Dominierende Frauen heiraten passive Männer, und aus diesen Ehen gehen dominierende Töchter und passive Söhne hervor. Der Kreislauf beginnt dann von vorn. Mit jeder Generation werden die Probleme größer, und die Auswirkungen unseres mangelnden Selbstbewußtseins werden immer verheerender. Heutzutage herrscht eine Epidemie der negativen oder ungesunden Selbstbilder sowohl bei den Männern als auch bei den Frauen, und der Ursprung dessen ist der Zusammenbruch des Erziehungsprozesses.

Armand M. Nicholi, Psychiater an der Harvard-Universität, faßt diese Theorie zusammen:

> »Wenn es einen Faktor gibt, der die Charakterentwicklung und emotionale Stabilität eines Individuums beeinflußt, so ist es die Qualität der Beziehung, die er oder sie als Kind gegenüber den beiden Elternteilen erlebt. Umgekehrt, wenn Menschen, die unter ernsten, nichtorganischen Gemütskrankheiten leiden, eines gemeinsam haben, so ist es die Erfahrung der Abwesenheit eines Elternteils durch Tod, Scheidung, einen Beruf, der viel Zeit in Anspruch nimmt, oder aus anderen Gründen.«

Die Diskussion in diesem Kapitel hat sich bisher auf die Folgen einer fehlenden Vaterbeziehung konzentriert. Das Fehlen einer Mutterbeziehung, das immer häufiger vorkommt, weil immer mehr Mütter einer Vollzeitbeschäftigung außer Haus nachgehen, kann jedoch ähnlich verheerende Folgen haben. Bevor die Familien begannen, so häufig umzuziehen, konnten wir Großeltern, Tanten und Onkeln einige Aufgaben in der Kindererziehung übertragen. Heutzutage erleben nur noch wenige Kinder die Geborgenheit und den Rückhalt der Großfamilie.

Gegen Ende des zwanzigsten Jahrhunderts werden in unserer Gesellschaft immer mehr Menschen leben, die niemals eine intakte Beziehung zu den Eltern erlebt haben. Da sowohl die Zahl der alleinerziehenden Eltern als auch der Familien mit zwei berufstätigen Elternteilen zunimmt, werden immer mehr Kinder mit einem Defizit an elterlicher Zuwendung aufwachsen. Die hierbei entstandenen Narben werden sich tief in das Selbstbild der nachfolgenden Generation eingraben.

Dennoch sehe ich Anzeichen von Hoffnung. Wie schon erwähnt, erkennen einige jüngere Väter – unter ihnen viele Christen – die Notwendigkeit einer intakten Vaterbeziehung und räumen ihr Priorität in ihrem Leben ein. Weiterhin sind die Tonbänder, Bücher, Filme und

Sendungen von Dr. James Dobson, einem christlichen Kinder- und Familienpsychiater, über die Bedeutung der Kindererziehung – insbesondere in bezug auf die Rolle des Vaters – inzwischen in christlichen und weltlichen Gruppen sehr bekannt geworden und haben auch schon Mitglieder des amerikanischen Kongresses erreicht. Was mich, einen Vater von drei Kindern, der häufig auf Reisen ist, betrifft, finde ich die Informationen in diesem Kapitel besonders wichtig.

Schritte zu einem besseren Selbstbild

Baustein sieben

Lesen Sie Johannes 10, 37–38 und Johannes 14, 7–10. Schreiben Sie diese Bibelverse in Ihren eigenen Worten nieder.

_____

_____

_____

_____

Unser himmlischer Vater ist genau wie _____, deshalb können wir etwas über Gott, unseren himmlischen Vater lernen, indem wir etwas über _____ lernen.

Formulieren Sie ein Gebet, in dem Sie Gott dem Vater sagen, wie er Ihrer Meinung nach ist. Seien Sie konkret und frei in Ihrer Wortwahl. Er weiß schon, wie es in Ihrem Herzen aussieht, aber es ist hilfreich, die eigenen Gedanken und Gefühle in Worten auszudrücken.

_____

_____

_____

_____

8

Das Selbstbild ruht auf einem dreibeinigen Hocker

Susanne, die hauptberuflich bei einer christlichen Organisation beschäftigt war, sah sich beinahe außerstande, ihre Arbeit weiter auszuüben. Immer wenn sie versuchte, die in ihrer Position geforderten Führungsrollen zu übernehmen, wurde sie von lähmender Angst ergriffen. Sie war überzeugt, daß man sie entlassen würde, wenn ihre Vergangenheit entdeckt würde.

Einige seelsorgerliche Gespräche waren nötig, bis Susanne in der Lage war, über ihre Vergangenheit zu reden, so abstoßend fand sie das Vorgefallene jetzt. Schließlich kam das zutage, was ihr große Schmerzen, Angst und seelische Qualen bereitete: ihre vielen Affären, ihre Abtreibung, ihre homosexuellen Beziehungen.

Obwohl sich ihr Leben grundlegend gewandelt hatte, seit sie Christ geworden war, litt Susanne noch immer unter einem negativen Selbstbild, weil sie ihre Sünden der Vergangenheit noch nicht bereinigt hatte und nicht wußte, wie sie mit ihnen umgehen sollte. Die Auswirkungen ihrer negativen Selbsteinschätzung waren offenkundig. Ihr Problem war nicht von einem Chirurgen zu lösen, der ein krankes Selbstbild wie etwa einen Blinddarm oder eine Gallenblase hätte entfernen können.

Unser Selbstbild ist ein Teil von uns, der sich von einem Organ unterscheidet. Schaut man einmal in ein medizinisches Fachbuch, so findet man darin Diagramme, Abbildungen und auch Fotografien der inneren Organe, sowohl im gesunden als auch im kranken Zustand. Solche graphischen Darstellungen ermöglichen es Medizinstudenten, den Aufbau und die Funktion des menschlichen Körpers besser zu verstehen. Aber das Selbstbild eines Menschen läßt sich nicht fotografieren. Weil es keine äußere Form hat, sind wir auch beschränkter in unseren Mitteln, es zu verstehen. Wir können aber versuchen, einige seiner Komponenten zu beschreiben.

Drei emotionale Grundbedürfnisse sind allen Menschen gemein. Es handelt sich dabei um:

1. Das Bedürfnis, sich geliebt, angenommen zu fühlen; ein Gefühl der Geborgenheit;
2. Das Bedürfnis, erwünscht zu sein; ein Gefühl des eigenen Wertes;
3. Das Bedürfnis, sich den Anforderungen des Lebens gewachsen zu fühlen; ein Gefühl der Kompetenz.

Diese Bedürfnisse sind anscheinend die fundamentalen Merkmale jeder Persönlichkeit. Sie bilden drei Säulen, um die herum die Erfahrungen und Erlebnisse aus unserer Kindheit angeordnet werden und an denen sich unser Selbstbild entwickelt. Auf diesen Säulen – Geborgenheit, eigener Wert und Kompetenz – ruht das gesunde Selbstbild. Ist eine dieser Säulen unterentwickelt oder beschädigt, wird das ganze Selbstbild eines Menschen schief, instabil und wackelig.

Stellen Sie sich Ihr Selbstbild als einen dreibeinigen Hocker vor. Die Sitzfläche des Hockers, die man mit seinem ganzen Gewicht belastet, wird getragen von drei gleichwertigen, aber voneinander getrennten Beinen. Man braucht nicht viel Phantasie, um sich vorzustellen, was geschieht, wenn ein Mensch versucht, einen Hocker zu benutzen, dessen eines Bein beschädigt oder zu kurz ist.

Je stärker die Säulen unseres Selbstbildes sind, desto besser können sie den seelischen Erschütterungen im späteren Leben standhalten. (Auch das gesündeste Selbstbild eines Erwachsenen kann durch tragische Ereignisse oder traumatische Erlebnisse erschüttert werden, und dann ist der Mensch darauf angewiesen, sich auf jemand oder etwas anderes zu stützen.)

Das Gefühl der Geborgenheit

Als kleines Kind war Linda vor der Haustür fremder Leute ausgesetzt worden. Dieser frühe Verlust sorgte für eine offensichtliche Zerbrechlichkeit ihres Selbstbildes. *Die tragende Säule eines gesunden Selbstbildes ist ein Gefühl der Geborgenheit oder das Gefühl, geliebt zu werden.*

Es ist dieses Gefühl der Sicherheit, das ein Mensch empfindet, wenn er von anderen Menschen akzeptiert wird – ein Gefühl, Teil einer Beziehung zu sein, von mindestens einem anderen Menschen geliebt zu werden. Es ist das Wissen, daß jemand »mich wirklich liebhat«. Geborgenheit empfinde ich, wenn ich weiß, daß ich *bedingungslos* geliebt werde, so wie ich bin.

Die Welt ist voller Menschen wie Linda, die niemals die wahre, bedingungslose Liebe und das Angenommensein erfahren haben. Natürlich hat wohl jeder auf irgendeine Art und Weise Liebe erfahren. Doch hat niemand aus einer menschlichen Quelle die bedingungslose Liebe und das Angenommensein erfahren, die erforderlich sind, um jede Zerbrechlichkeit aus unserem Selbstbild zu entfernen. Mehr oder weniger war die Liebe, die wir alle empfangen haben, unvollkommen, weil die Menschen, die uns liebten, nicht vollkommen waren. Zumindest haben wir alle schon einmal eine Art der Liebe und der Annahme erlebt, die an Bedingungen geknüpft war und uns zu verstehen gab: »Ich liebe dich, weil du so _____ bist.« Die Drohung, die wir dabei empfinden – vielleicht ohne es zu wissen –, lautet: »Was geschieht, wenn ich einmal nicht mehr _____ bin?«

Die an Bedingungen geknüpfte Liebe läßt unseren elementaren Hunger nach Liebe unbefriedigt und unser Gefühl der Geborgenheit unterentwickelt. Bei den meisten von uns bleibt diese Säule bzw. dieses Bein unseres »Selbstbild-Hockers« im Verlauf unserer Entwicklung relativ wackelig. Bei anderen ist die Säule der Geborgenheit etwas stärker ausgebildet, aber die vollkommene Stabilität wird nicht erreicht.

In »The Kink and I« schreiben die Autoren James D. Mallory und Stanley C. Baldwin als Einleitung eines Kapitels zum Thema Liebe folgenden Satz: »Die Liebe ist die wirksamste Medizin, die es im Leben eines Individuums geben kann.«[1] Psychologische Forschungen haben erwiesen, daß der wichtigste Faktor zur Entwicklung einer gesunden Persönlichkeit das Gefühl ist, geliebt zu werden, und daß der Mensch nur so fähig ist, auch andere Menschen zu lieben.

Das Gefühl des eigenen Wertes

Geborgenheit ist das Gefühl, von anderen akzeptiert zu werden. Damit im Zusammenhang steht das Gefühl, wertvoll zu sein, sich selbst akzeptieren zu können. Werden wir von anderen akzeptiert, dann können wir uns wahrscheinlich auch selber annehmen. Die Geborgenheit hat mit einem Gefühl der Sicherheit zu tun. Das Gefühl, wertvoll zu sein, heißt innerlich ganz zu sein, sich gut zu fühlen, ein Gefühl zu haben, das besagt: »Ich mag mich; ich respektiere mich; ich schäme mich nicht der Art und Weise, wie ich mit mir selbst umgehe.« Es ist das Gefühl, in Ordnung, sauber, recht und ordentlich zu sein. Es ist das Gefühl, daß ich gut genug und es wert bin, von anderen akzeptiert zu werden. Ich bin es wert, geliebt zu werden.

In ihrer Kindheit idealisieren die meisten Kinder ihre Mütter und Väter. Sie schauen zu ihnen auf und betrachten sie als vollkommen. Mutter und Vater können nichts Unrechtes tun. Wenn Kinder, die ihre Mütter und Väter idealisieren, nicht die notwendige bedingungslose

Liebe und Annahme erfahren, gehen sie davon aus, daß das Problem bei ihnen liegt. Unbewußt folgern sie: »Mutter und Vater sind vollkommen, wenn ich ihrer Liebe wert wäre, würden sie mich lieben.« Was sich in ihr junges Gemüt einprägt, ist: »Ich bin nicht gut genug, um geliebt zu werden.« Manche Kinder sind schon im frühen Alter in der Lage, diese Gefühle mit Worten auszudrücken. Viele sind auch als Erwachsene nicht in der Lage, solche Folgerungen zu verbalisieren, doch sie versuchen, ihre Gefühle der Wertlosigkeit durch Leistung zu kompensieren.

Christian, zum Beispiel, hat in seinem Beruf den Höhepunkt seines Erfolges erreicht. Er schreibt viele Bücher, hält Vorträge in der ganzen Welt, fährt einen teuren Sportwagen und wohnt in einem großen Haus in einem Vorort. Er hat eine gesicherte Stellung, und alle seine Freunde sehen in ihm den höchst erfolgreichen Mann. Lernt man ihn jedoch etwas besser kennen, stellt man fest, daß er im Grunde ängstlich und unsicher ist. Guten Freunden gegenüber gibt er zu, daß er unter einem tiefverwurzelten Mangel an Selbstwertgefühl leidet. Gequält von Minderwertigkeitsgefühlen, glaubt er, nicht liebenswert zu sein.

Die Welt ist voll von Menschen, die mehr oder weniger das Gefühl haben, nicht wertvoll zu sein. Erfahrungen aus Beziehungen der Kindheit hinterlassen häufig tiefe Wunden, die durch Erfahrungen in der Jugend oder im Erwachsenenalter wieder aufgerissen oder sogar noch verschlimmert werden. Manchmal ist unser Gefühl der Unwürdigkeit dadurch verstärkt worden, daß wir gegen unser Gewissen gehandelt und Schuldgefühle zurückbehalten haben. Wir schämen uns häufig der Art und Weise, wie wir andere und uns behandelt haben.

All diese Erfahrungen und Gefühle stehen im Zusammenhang mit unserem Gefühl des eigenen Wertes. Ein gesundes Selbstbild erfordert eine starke Säule des Wertgefühls. In demselben Maße wie unser Selbstwertgefühl angeschlagen oder unzulänglich ist, in diesem Maße ist auch unser Selbstbild instabil.

Das Gefühl der Kompetenz

Die dritte Säule unseres Selbstbildes ist ein inneres Bewußtsein der eigenen Fähigkeiten. »Ich schaffe es!« ist die zuversichtliche Grundeinstellung von Menschen mit einem gesunden Selbstbild, wenn sie eine neue Aufgabe in Angriff nehmen. Diese optimistische Einstellung gibt ihnen Zuversicht und Mut. Sie steht in engem Zusammenhang mit dem Erfolg, den sie in der Vergangenheit bei der Lösung von Problemen verzeichnen konnten. Menschen mit einem gesunden Bewußtsein ihrer eigenen

Fähigkeiten beginnen den Tag nicht mit Angst, sondern mit Freude und Begeisterung angesichts der Möglichkeiten, die sich ihnen bieten.

Viele Leute lesen ihren Kindern die klassische Geschichte von der »kleinen Lokomotive, die es schaffte« vor. Es ist die Geschichte einer Lokomotive, die eine schwere Ladung einen Berg hinaufziehen sollte. Alle großen Lokomotiven sagten ihr, sie würde das niemals schaffen, doch während sie unter der großen Last keuchte, sagte sie sich immer wieder: »Ich glaub', ich schaff's; ich glaub', ich schaff's; ich glaub', ich schaff's.« Am Ende erreichte sie trotz aller von den großen Lokomotiven geäußerten Zweifel den Gipfel des Berges.

Gibt man heranwachsenden Kindern die Möglichkeit, ihre Welt selbständig, auch ohne die Eltern, zu erkunden und dabei auch Wagnisse einzugehen, beginnen sie, ein gesundes Bewußtsein ihrer eigenen Fähigkeiten zu entwickeln. Wenn sie ermutigt werden, Neues zu wagen und Schwierigkeiten zu überwinden, wächst ihr Vertrauen in die eigenen Fähigkeiten. Wenn sie immer erfolgreicher Neues ausprobieren und lernen, nach jeder erlittenen Niederlage wieder aufzustehen, lernen sie zu sagen: »Ich kann das!«

Beobachten Sie einmal Kleinkinder beim Laufenlernen. Zunächst laufen sie einen oder zwei Schritte und fallen hin. Nach einer Weile schaffen sie viele Schritte. Wie sie sich freuen, wenn Mama und Papa sie für ihre neuerworbene Leistung loben! Schon nach einer kurzen Zeit laufen sie überall hin und beginnen, hinter dem großen Bruder oder der großen Schwester herzulaufen. Sie entwickeln ein wachsendes Kompetenzbewußtsein, je mehr Dinge sie lernen.

Die Eltern können entscheidend dazu beitragen, daß die Kinder ein Gefühl für ihre eigenen Fähigkeiten entwickeln. Mit der Erlaubnis, neue und schwierige Aufgaben in Angriff zu nehmen, zeigen sie damit gleichzeitig, daß sie ihrem Kind zutrauen, damit fertig zu werden. Wenn Eltern ihrem Kind jedoch nicht erlauben, Wagnisse einzugehen, Neues auszuprobieren und neue Gebiete zu erforschen, drücken sie damit bewußt oder unbewußt ein mangelndes Vertrauen zu dem Kind aus – eine Haltung des »Ich glaube nicht, daß du in der Lage bist, etwas Neues zu tun.« Wir selbst brauchten als Kinder die Ermutigung und Hilfe unserer Eltern, um ein Gefühl der Kompetenz zu entwickeln. Das übermäßig behütete Kind, das niemals ein Wagnis eingehen darf, wächst mit einem unterentwickelten Gefühl der Kompetenz auf.

Anja ist eine attraktive junge Frau in den Zwanzigern, die unter einem unzureichend entwickelten Selbstbild leidet. Zum großen Teil rührt ihr Problem von dem Wetteifern mit ihrer Schwester Maria während ihrer Kindheit her. Maria schien den Eltern immer Freude zu bereiten, während Anja immer das Gefühl hatte, ihren Eltern keine Freude zu machen. Anja kam zu dem Schluß, daß sie eben nicht liebenswert sei. Da sie im Gegensatz zu Maria offenbar nicht in der Lage war, ihren Eltern Freude zu machen, nahm sie an, daß die Schuld bei ihr selbst liegen müsse.

Bis heute hat sich an Anjas Selbsteinschätzung nichts geändert. Sie glaubt immer noch, nicht liebenswert zu sein. Darüber hinaus hat sie ihr ganzes Leben darauf ausgerichtet zu widerlegen, was sie für wahr hält.

Anja braucht jemanden, der eine ähnlich starke Autorität besitzt wie die Eltern in ihrer Kindheit und der ihr Selbstwertgefühl ganz neu bestärkt. Diese neue Aussage über Anjas Wert muß auf ihrem wahren Wert als Mensch basieren. Im Idealfall entspricht diese Beurteilung dem Bild, das Gott von ihr hat. Anja muß dann ihre Selbsteinschätzung anhand seines Werturteils revidieren.

Jeder Mensch, ob Christ oder Nichtchrist, ist darauf angewiesen, daß die Säulen seines Selbstbildes hinreichend entwickelt sind. Jede einzelne Säule ist gleichermaßen wichtig für die Entwicklung eines gesunden Selbstbildes. In unserer Gesellschaft versuchen die Menschen oft, ein unterentwickeltes Gefühl der Geborgenheit oder des Selbstwertes durch ein übermäßig entwickeltes Gefühl der Kompetenz auszugleichen. Der Fehlschluß, man müsse nur genug leisten, um die Anerkennung und Zuneigung der Mitmenschen zu erlangen, führt in vielen Fällen zu einer Arbeitssucht. Viele sind auch wie Anja von der Vorstellung besessen, sie müßten etwas leisten, um liebenswert zu werden.

Wie ein Bauer, der sich auf einem Melkschemel mit drei unterschiedlich langen Beinen nicht wohl fühlen würde, haben Menschen, deren Selbstbild auf ungleichen Säulen ruht, Schwierigkeiten, ihr inneres Gleichgewicht zu finden. Menschen, bei denen kein Gleichgewicht zwischen dem Gefühl des Selbstwertes, der Geborgenheit und der Kompetenz herrscht, werden ständig versuchen, ihr Selbstbild zu stabilisieren. Im Idealfall, wenn das Selbstbild auf starken, gleichwertigen Beinen steht, können die Menschen gelassen mit sich zufrieden sein und Freude am Leben haben.

Baustein acht

Erinnern Sie sich noch, was Paulus über unseren inneren Wert geschrieben hat? »Ich möchte, daß ihr erkennt, daß Gott reich geworden ist, weil wir, die wir Christus angehören, sein Eigentum geworden sind« (Eph. 1, 18 – wörtlich übersetzt nach der »Living Bible«). Vergleichen Sie anhand dieses Bibelverses, ob Ihre Antworten auf die folgenden Fragen mit den hier gegebenen übereinstimmen:

Wer ist nach Epheser 1, 18 reich geworden? – »Gott«

Wie macht man jemanden reich? – »Man schenkt ihm etwas Wertvolles.«

Welches wertvolle Gut ist Gott geschenkt worden, um ihn reich zu machen? –»Ich!«

Bedeutet das, daß Gott reicher ist, weil er Sie hat?
(Antworten Sie mit Ja oder Nein.) ——————————

Bedeutet das, daß Sie für Gott wertvoll sind?
(Antworten Sie mit Ja oder Nein.) ——————————

9

Ein neues Fundament wird gelegt

Welchen Unterschied macht es für das Selbstbild, wenn ein Mensch Christ ist? Bis hierhin trifft das meiste, was über das Selbstbild gesagt wurde, auf jeden Menschen zu. Jeder von uns hat den Erziehungsprozeß durchlaufen. Wir alle – Christen und Nichtchristen gleichermaßen – haben zur Stützung unseres Selbstbildes die Säulen der Geborgenheit, des Wertgefühls und der Kompetenz. Man muß kein Christ sein, um über ein gutes Selbstbild zu verfügen.

Die christliche Überzeugung eines Menschen macht aber doch einen Unterschied, und im Idealfall ist dieser auch deutlich erkennbar. Wie tragisch ist es doch, daß manche Christen ihren Glauben niemals tief genug in ihre Persönlichkeit eindringen lassen, als daß ihr Selbstbild geheilt und verändert werden könnte.

Als ich Christus als meinen Erlöser annahm, hat sich mein Selbstbild damit nicht automatisch verwandelt. Ich hatte nicht sofort die tiefen Narben meiner Vergangenheit besiegt. Doch indem ich mich Christus anvertraute, erhielt ich die Kraft, den Heiligen Geist, um diese Wunden zu heilen und mein Selbstbild zu verändern. Ich mußte einen Wachstumsprozeß durchlaufen, bis bei mir ein Fortschritt hinsichtlich des Denkens und Werdens wie Christus erkennbar wurde. Die Veränderung, die ich jetzt an mir beobachten kann, ist kaum zu glauben, wenn ich auf die Person zurückblicke, die ich einmal war. Und doch sind nach diesen vielen Jahren noch nicht alle Unebenheiten meines Lebens geglättet. Der Wachstumsprozeß geht weiter – solange, bis ich sterbe. Das gleiche gilt auch für Sie.

Paulus lehrt uns: »Ist jemand in Christus, so ist er eine neue Kreatur; das Alte ist vergangen, siehe, Neues ist geworden!« (2. Kor. 5, 17). In dem Augenblick, in dem ein Mensch Christus annimmt, wird er eine neue Kreatur, und der Prozeß, daß sich diese Aussage im täglichen Leben manifestiert, beginnt.

Wenn es Ihnen so geht wie mir, dann haben Sie sich gewünscht, daß sich bestimmte Dinge aus Ihrer Vergangenheit geändert hätten, die sich aber nicht geändert haben. Die Geschichte meines Lebens, von der Kindheit an, ist die gleiche geblieben, ebenso meine Eltern, mein Bruder, meine Erfahrungen.

Gerade die Faktoren, die unverändert geblieben sind, haben aber die Entwicklung meines Selbstbildes entscheidend geprägt; es ist also kein Wunder, daß es sich nicht sofort gewandelt hat. Direkt nach meiner Bekehrung war es beinahe noch genauso wie vor meiner Bekehrung.

Das, was nach Paulus »neu geworden« ist, ist geistlicher Art – eine innerliche Veränderung, die sich ganz allmählich bemerkbar machte, als ich in den Wochen und Monaten nach meiner Bekehrung geistlich zu wachsen begann. Die meisten Menschen machen bei ihrer »Wiedergeburt« in dieser Hinsicht ähnliche Erfahrungen. Nur bei wenigen stellen sich sofort die »dramatischen« Veränderungen ein, von denen wir so oft zu hören scheinen.

Alte Kleider ablegen

Jesus sprach: »Lazarus, komm heraus«, und auf seinen Befehl hin wurde ein Toter wieder lebendig. Lazarus war schon seit vier Tagen tot gewesen, und sein Leichnam trug die Kleidung des Todes: Er war in Leintücher gewickelt, die zur Konservierung mit Spezereien getränkt waren. Trotzdem konnte das neue Leben durch diese Grabtücher hindurch in den Körper hineingelangen.

Lazarus brauchte seine Totenkleidung nicht mehr. Bei seinem Versuch, aus dem Grab herauszutreten, fiel ihm das Gehen wohl schwer. Sein Körper war noch in all diese Tücher eingewickelt. Schließlich schaffte es ein von den Toten auferweckter Lazarus, bis zum Eingang zu gelangen. Dann befahl Jesus den vormals Trauernden: »Löst die Binden und laßt ihn gehen!« Mit der Hilfe seiner Freunde wurde Lazarus zu seinem neuen Leben befreit.

Als Lazarus zum Leben erweckt wurde, waren die Fesseln seiner Grabtücher nicht sofort beseitigt. Es war ein Prozeß. Die Tücher mußten mit der Hilfe anderer abgenommen und zerrissen werden.

Als neugeborene Christen haben wir auch ein neues Leben. Doch die Grabtücher eines ungesunden Selbstbildes, die noch von unserem vorherigen Zustand geblieben sind, hindern uns häufig daran, das neue Leben in Freiheit zu führen. Unsere Erfahrung in Christus ist ein Prozeß, bei dem die Fesseln eines ungenügenden Selbstbildes allmählich mit der Hilfe anderer Menschen entfernt werden, und auf diese Weise bekommen wir immer mehr Freiheit, die ganze Fülle des neuen Lebens in Christus zu erfahren.

Der Prozeß des Reifens

Haben Sie sich auch schon einmal gewünscht, Gott hätte Sie sofort in einen reifen Christen verwandelt? Manchmal erschien uns die sofortige Reife bei weitem besser zu sein als das Leid und die Schmerzen, die so häufig mit unserem persönlichen Wachstum verbunden waren. Doch Gott läßt uns Erfahrungen machen, die einen Reifungsprozeß voraussetzen. Wir vergessen zu oft, daß der Apostel Paulus, der schon vor seiner Bekehrung ein religiöser Führer war, einen vierzehn Jahre dauernden Wachstumsprozeß erlebte, bevor er seine Missionsreisen antrat und seine Briefe zu schreiben begann. Ohne einen solchen Prozeß gibt es keine Reife.

Wir alle stehen in diesem Wachstumsprozeß, der auch den Bereich unseres Selbstbildes mit einschließt. Durch unsere Beziehung zu Gott lernen wir uns allmählich so zu sehen, wie er uns sieht. Unser Wissen um diese Realität wird ein stabiles Fundament, auf dem unser Selbstbild ruhen und sich weiterentwickeln kann. Dieses neue Fundament wiederum gibt uns ein Gefühl des Wertes, der Sicherheit und der Hoffnung, das wir nirgendwo sonst finden. Jede Säule unseres Selbstbildes wird verstärkt, verwandelt und gesichert auf dem neuen Fundament unserer christlichen Erfahrungen.

Bei dieser Verwandlung handelt es sich nicht nur um eine Verstärkung der alten Säulen unseres Selbstbildes, sondern um eine Erneuerung. Dieser Prozeß umfaßt mehr, als daß die alte Säule auf ein neues Fundament gestellt wird. Hierzu ist es auch erforderlich, daß wir durch unsere neuen Erfahrungen im christlichen Wachstum Einsichten gewinnen, die uns unsere Vergangenheit in einem anderen Licht sehen lassen. Dies kann nicht nur eine Heilung, sondern sogar die Erneuerung jeder Säule unseres Selbstbildes bewirken.

Alte Bausteine werden neu zusammengesetzt

Die Veränderung eines Christen ist daher nicht nur eine Verstärkung der alten Säulen, sondern ein *Neuaufbau* dieser Säulen. Es ist so, als würde man die Steine aus einer ohne Konzept gebauten Säule herausnehmen, sie hin- und herwenden, ganz neu betrachten und zum ersten Mal erkennen, wie sie am besten zusammenpassen. Dann können wir sie richtig in die Säule einbauen, so wie es eigentlich gedacht war, und wir erkennen, daß jeder Stein seinen Platz im Aufbau der Säule hat. Anstatt daß jeder Stein unserer Erfahrung schief und krumm aus der Säule herausragt, ohne einen Zweck zu erfüllen und ohne die Stabilität der Säule günstig zu beeinflussen, wird die *Meßlatte* des Baumeisters – das Wort Gottes – benutzt, um jeden Stein der Erfahrung an genau den Platz zu rücken, an dem er die Steine neben ihm am besten stützt. Der Heilige Geist ist dann der neue Mörtel, der den Stein fest und maßgerecht an seinem Platz hält.

Die Realität von der richtigen Seite betrachten

Wenn wir den Römerbrief aufmerksam lesen, gelangen wir zu der Erkenntnis, daß die *höchste Wahrheit über uns in der Bibel steht*. Wenn das, was *wir* über *uns* denken, nicht mit den Aussagen der Bibel übereinstimmt, dann leben wir in einer Traumwelt. Unsere fünf Sinne können uns täuschen. Es ist wie ein Flug in einem Sturm, bei dem man den Horizont nicht sehen kann. Es ist möglich, daß bei einem Rückenflug einem die fünf Sinne doch sagen, man fliege richtig herum. Piloten nennen dieses Phänomen »Vertigo«. Alles, was sie sehen, fühlen, hören, anfassen und schmecken, sagt ihnen vielleicht, daß sie richtig herum fliegen. Wenn aber ihre Instrumente etwas anderes anzeigen, wissen sie, daß die Instrumente recht haben. Piloten müssen lernen, ihren Instrumenten und nicht ihren Sinnen zu vertrauen.

Häufig erleben wir eine Situation, die man als »geistliches Vertigo« bezeichnen könnte. Mit anderen Worten, unsere Emotionen, Gefühle und fünf Sinne sagen uns etwas, aber das Wort Gottes sagt uns, daß das Gegenteil der Wahrheit entspricht.

Unser Instrument ist das Wort Gottes, aber manchmal machen wir davon keinen Gebrauch. Manchmal haben wir das Gefühl, Gott würde uns nicht vergeben, wir glauben, wir seien verdammt oder wir sind hier und Gott irgendwo anders. Aber wir können aufgrund der Aussagen, die die Bibel über uns macht, doch immer gewiß sein, daß wir Gottes Kinder sind. Wenn wir uns nach dem richten, was unser Instrument, das Wort Gottes, über uns sagt, stellen wir fest, daß unser Leben wieder ins Gleichgewicht kommt, und dann können wir unseren Weg fortsetzen. *Ein gesundes Selbstbild basiert auf der Wahrheit des Bildes, das Gott von uns hat.*

Doch wir müssen zunächst das biblische Bild dessen, wer und was wir in Christus sind, erkennen, bevor wir anfangen können, richtig auf etwas zu reagieren, das sonst wie eine verkehrte Welt aussieht. Es ist wie die Geschichte eines jungen Mannes, der ein Geburtstagsgeschenk für einen Freund kaufte, der gern Puzzles zusammensetzte. Er kaufte zwei Puzzles und vertauschte aus Spaß die Deckel der Schachteln. Der Beschenkte war völlig frustriert, als er versuchte, eines der Puzzles nach dem vermeintlich richtigen Deckelbild zusammenzusetzen.

Wir müssen aufhören, als Bild unserer eigenen Persönlichkeit nur unsere Gefühle und Einstellungen über uns selbst zu benutzen. Das Wort Gottes ist das wahre Bild, nach dem wir uns richten sollten. Wenn wir uns dieses Bild genau anschauen, können wir mit der Arbeit beginnen und all die kleinen Puzzleteile unseres Lebens zusammenfügen zum korrekten Bild des Menschen, der wir sind. Die Vorlage hierzu finden wir in Gottes Wort.

So oft werden aufgrund falscher Annahmen oder Informationen Meinungen gebildet und Entscheidungen getroffen. Wir entwickeln Einstellungen aufgrund dessen, was Gott unserer Meinung nach von uns denkt, und nicht aufgrund dessen, was er wirklich über uns denkt und was in seinem Wort offenbart ist. Die Wahrheit der Heiligen Schrift über *Sie* und über *mich* ist der Ausgangspunkt zur Entwicklung eines gesunden, positiven Selbstbildes.

Gottes Charakter und wir

Wollen wir verstehen, was für uns als Menschen in Christus gilt, so müssen wir zunächst einmal erkennen, wer Gott ist. In der folgenden Aufstellung sind Gottes Eigenschaften beschrieben und was sie für uns bedeuten. Die meisten dieser Eigenschaften sind einem Buch von Linda Raney Wright[1] entnommen.

Gott ist der König des Universums (Ps. 24, 8; 1. Chron. 29, 11–12; 2. Chron. 20, 6). Dies bedeutet, daß alle Lebensumstände letztlich in seiner Hand liegen. Er bestimmt mein Leben.

Gott ist gerecht (Ps. 119, 137). Er kann sich nicht an mir versündigen.

Gott ist wahrhaftig (5. Mose 32, 4). Er wird mich immer gerecht behandeln.

Gott ist Liebe (1. Joh. 4, 8). Er will mir helfen, das Beste aus meinem Leben zu machen.

Gott ist ewig (5. Mose 33, 27). Der Plan, den er mit mir hat, ist unvergänglich.

Gott ist allwissend (2. Chron. 16, 9; Ps. 139, 1–6). Er weiß alles über mich und meine Situation und weiß, wie er alles zum Guten wenden kann.

Gott ist allgegenwärtig (Ps. 139, 7–10). Es gibt keinen Ort, an den ich gehen könnte, wo er nicht für mich sorgen würde.

Gott ist allmächtig (Hiob 42, 2). Es gibt nichts, das er nicht für mich tun könnte.

Gott ist Wahrheit (Ps. 36, 6). Er kann mich nicht belügen.

Gott ist unwandelbar (Mal. 3, 6). Ich kann mich auf ihn verlassen.

Gott ist treu (2. Mose 34, 6). Ich kann mich darauf verlassen, daß er seine Versprechen erfüllt.

Gott ist heilig (Offb. 15, 4). Er wird in allen seinen Taten heilig sein.

Wir sehen uns so, wie Gott uns sieht

Vor diesem Hintergrund der Eigenschaften Gottes wollen wir nun untersuchen, wer wir als gläubige Christen sind. Wir beginnen damit bei dem Augenblick, in dem wir Christus in unser Leben aufnahmen. Wenn wir unsere Hoffnung auf Christus als Erlöser und Herrn setzen, werden wir durch die Wirkung des Heiligen Geistes mit Christus vereint. »Denn wir sind durch *einen* Geist alle zu *einem* Leib getauft, wir seien Juden oder Griechen, Sklaven oder Freie, und sind alle mit *einem* Geist getränkt« (1. Kor. 12, 13). Dies geschieht bei uns wie bei allen Christen im Augenblick der Erlösung, und wir alle bekommen eine neue Identität.

Ein klassisches Beispiel dessen, was für uns als »neue Kreaturen in Christus« gilt, steht im Epheserbrief (Kap. 1 und 2). In diesen Kapiteln wird unsere Position in Christus beschrieben.

Um uns so zu sehen, wie Gott uns sieht, d. h. so, wie wir wirklich sind, müssen wir unsere Position in Christus verstehen. Diese richtige Sicht unserer selbst in Christus ist wichtig für die Entwicklung eines gesunden Selbstbildes.

Diese Wahrheiten über uns, wie sie im Epheserbrief, Kapitel 1, beschrieben sind, sind folgende:

> »Wir sind gesegnet mit allem geistlichen Segen im Himmel durch Christus« (Vers 3).
> »Wir sind erwählt worden, ehe der Welt Grund gelegt war, daß wir heilig und untadelig vor ihm sein sollten« (Vers 4).
> »Wir sind dazu vorherbestimmt, seine Kinder zu sein« (Vers 5).
> »Wir haben in ihm die Erlösung durch sein Blut« (Vers 7).
> »Wir sind in ihm versiegelt worden mit dem Heiligen Geist« (Vers 13).

Aufgrund unserer Position in Christus gelten für uns große Dinge – Wahrheiten, die Paulus uns ins Bewußtsein bringen will. Er betet deshalb, daß die Augen unseres Herzens erleuchtet werden mögen, so daß wir erkennen, zu welcher Hoffnung wir durch ihn berufen sind, welchen Reichtum an Herrlichkeit er den Heiligen beschieden hat und was da sei die überschwengliche Größe seiner Kraft an uns, die wir glauben (Vers 18–19). Gott möchte, daß wir uns so sehen, wie er uns sieht.

Paulus beschreibt anschließend die Auferstehung Christi und wie Gott ihn zu seiner Rechten im Himmel gesetzt hat (Vers 20–23). Dabei sagt er, daß auch wir mit ihm auferweckt und mit ihm in das himmlische Wesen gesetzt worden sind (Eph. 2, 6).

Den positionalen Wahrheiten aus Epheser 1 lassen sich noch weitere Beschreibungen hinzufügen, die sich auf die Gläubigen beziehen, nachdem sie ihr Leben Christus anvertraut haben (Eph. 2, 4–10).

Nach dieser Beschreibung sind Christen:

- lebendig gemacht zusammen mit Christus;
- auferweckt samt Christus;
- samt ihm in das himmlische Wesen gesetzt;
- eine Einheit mit Christus Jesus;
- aus Gnade gerettet;
- sein Werk.

Damit Sie noch besser ermessen können, was es bedeutet, in Christus zu sein, vergleichen Sie die obengenannten Eigenschaften einmal mit den folgenden Beschreibungen von Menschen, bevor sie an Christus glaubten (Eph. 2, 1–3).

- Sie sind tot durch ihre Übertretungen und Sünden.
- Sie wandeln nach dem Lauf dieser Welt.
- Sie wandeln nach dem Mächtigen, der in der Luft herrscht.
- Sie wandeln nach dem Geist, der zu dieser Zeit am Werk ist in den Kindern des Ungehorsams.
- Sie führen ihr Leben in den Begierden des Fleisches und tun den Willen des Fleisches und der Sinne.
- Sie sind Kinder des Zornes von Natur.

Wenn Sie an Gott glauben, können Sie jedoch folgendes von sich selbst sagen:

- Ich habe Frieden mit Gott (Röm. 5, 1).
- Ich bin von Gott angenommen (Eph. 1).
- Ich bin ein Kind Gottes (Joh. 1, 12).
- In mir wohnt der Geist Gottes (1. Kor. 3, 16).
- Ich habe Zugang zu Gottes Weisheit (Jak. 1, 5).
- Gott hilf mir (Hebr. 4, 16).
- Ich bin versöhnt mit Gott (Röm. 5, 11).
- Für mich gibt es keine Verdammnis (Röm. 8, 1).
- Ich bin gerecht geworden (Röm. 5, 1).
- Ich habe seine Gerechtigkeit (Röm. 5, 19; 2. Kor. 5, 21).
- Ich bin sein Botschafter (2. Kor. 5, 20).
- Mir sind alle meine Sünden vergeben (Kol. 1, 14).
- Gott erfüllt meine Bedürfnisse (Phil. 4, 19).
- Ich werde geliebt (Jer. 31, 3).
- Ich bin Gott ein Wohlgeruch Christi (2. Kor. 2, 15).
- Ich bin der Tempel Gottes (1. Kor. 3, 16).
- Ich bin heilig und untadelig und makellos (Kol. 1, 22).

Verstehen Sie nun allmählich aufgrund des Obengenannten, was Paulus meinte, als er betonte: »Ist jemand in Christus, so ist er eine neue Kreatur; das Alte ist vergangen, siehe, Neues ist geworden!«?

Einer der Schlüssel zur Reife ist die Erkenntnis, daß wir in demselben Augenblick, in dem wir unser Leben Christus anvertrauen, »den neuen Menschen anziehen, der da erneuert wird zur Erkenntnis nach dem Ebenbild dessen, der ihn geschaffen hat« (Kol. 3, 10). Man kann auch sagen, daß wir infolge unseres »In-Christus-Seins« »neu geschaffen« worden sind.

In den folgenden Kapiteln werden Sie noch mehr »geistliche Wahrheiten« über sich entdecken, und Sie werden lernen, wie Sie diese Wahrheiten in Ihrem täglichen Leben und in Ihren Beziehungen zu anderen Menschen zu einer Realität werden lassen können.

Baustein neun

Es ist entscheidend, daß es uns gelingt, uns in den schwierigen Situationen des Lebens immer wieder darauf zu besinnen, wer Gott ist und wer wir in seinen Augen sind. Die in diesem Kapitel aufgeführte Liste der Eigenschaften Gottes und Ihrer eigenen Merkmale werden Ihnen helfen, in schwierigen Zeiten nicht dem »geistlichen Vertigo« zu verfallen.

Treffen Sie eine Auswahl der in diesem Kapitel aufgeführten Wesensmerkmale Gottes und Ihrer selbst, die Sie sich einprägen möchten. Schreiben Sie diese Merkmale auf kleine Karteikarten, die Sie ständig bei sich tragen, während Sie anfangen, Ihren Geist mit diesen großartigen Wahrheiten neu zu »programmieren«.

10

Ein neues Gefühl der Geborgenheit

Unsere persönliche Erfahrung mit Christus soll nach Gottes Plan ein solides Fundament für jede einzelne der drei Säulen unseres Selbstbildes sein. Unser Gefühl der Geborgenheit ruht auf Gott dem Vater, unser Wertgefühl auf Gott dem Sohn und unser Kompetenzgefühl auf Gott dem Geist. Wenn wir dies begreifen und die Wirklichkeit dieser Aussage zu erfahren beginnen, wird jede dieser Säulen erneuert, und es entsteht eine neue Grundlage für ein stabiles Selbstbild.

Unser tiefstes Grundbedürfnis ist das Bedürfnis, geliebt zu werden und zu wissen, wo wir hingehören. Verstandesmäßig wissen Sie vielleicht, daß Sie geliebt werden, aber haben Sie jemals diese Liebe gespürt? Vielleicht glauben Sie, nicht liebenswert zu sein. Viele Menschen berichten von einem gefühlsmäßigen, emotionalen Gefühl der Leere, das direkt auf ein Liebesdefizit während der Kindheit zurückzuführen ist. Sie können sogar einen »leeren Schmerz« beschreiben, den sie tief in ihrer Brust verspüren und der eng mit ihrem mangelnden Gefühl der Geborgenheit zusammenhängt.

Bedingungslose Liebe

Der wichtigste Aspekt an Gottes Gedanken und Gefühlen über uns ist seine bedingungslose Liebe und Annahme. »Darin besteht die Liebe: nicht, daß wir Gott geliebt haben, sondern daß er uns geliebt hat und gesandt seinen Sohn zur Versöhnung für unsere Sünden« (1. Joh. 4, 10). Gott liebt uns nicht, weil wir etwa bestimmte Eigenschaften hätten; er liebt uns einfach so!

Viel zu oft vergessen die Menschen diese Grundwahrheit, daß Gott sie liebt. Bevor ein Mensch jemals zu Christus gekommen ist, liebt er ihn schon, und er liebt ihn auch jetzt (Röm. 5, 8; 8, 38–39). Jesus hat auf das Ausmaß dieser Liebe hingewiesen, als er sagte: »Wie mich mein Vater liebt, so liebe ich euch auch. Bleibt in meiner Liebe« (Joh. 15, 9). Die

Vorstellung, daß Christus uns genauso liebt, wie Gott der Vater ihn liebt, ist überwältigend. In der Welt, in der wir leben, ist dies nur schwer intellektuell zu begreifen, geschweige denn, gefühlsmäßig zu erleben.

Als für Jesus die Stunde des Kreuzes näher rückte, betete er für seine Jünger – damals und heute – und bat den Vater, uns alle zu beschützen.

>Ich bitte für sie... denn sie sind dein. Und alles, was mein ist, das ist dein, und was dein ist, das ist mein; und ich bin in ihnen verherrlicht. Ich bin nicht mehr in der Welt; sie aber sind in der Welt... Und ich habe ihnen die Herrlichkeit gegeben, die du mir gegeben hast, daß sie eins seien, wie wir eins sind, ich in ihnen und du in mir, damit sie vollkommen eins seien und die Welt erkenne, daß du mich gesandt hast und sie liebst, wie du mich liebst< (Joh. 17, 9–11 und 22–23).

Jesus hat hier besonders betont, daß der Vater Sie liebt, der/die Sie sein Kind sind, und zwar genauso sehr, wie er den Sohn liebt.

Bill und Gloria Gaither haben versucht, die Tiefe der Liebe Gottes in ihrem Lied >I am Loved< (deutsch: >Ich bin geliebt<) darzustellen. In der ersten Strophe heißt es übersetzt: >Ich sagte, wenn du wüßtest, dann würdest du mich nicht wollen, meine Narben sind hinter der Maske, die ich trage, verborgen; er sagte, mein Kind, meine Narben gehen noch viel tiefer, und meine Liebe zu dir hat sie dort hinterlassen.<

Im Refrain des Liedes wird die Reaktion des Gläubigen beschrieben, wenn er das Ausmaß seiner Liebe begreift. >Ich bin geliebt, ich bin geliebt, ich kann es wagen, dich zu lieben, denn der eine, der mich am besten kennt, liebt mich am meisten. Ich bin geliebt, du bist geliebt, bitte nimm' meine Hand. Wir sind frei, uns zu lieben, wir sind geliebt.<

Gott, der uns am besten kennt (Ps. 139, 1–6), liebt uns am allermeisten!

Wenn Jodi Fosters Schauspielerfreundin, deren Selbstbild und Selbstwertgefühl so mangelhaft ausgeprägt sind, dies begreifen könnte, wäre ihr Problem gelöst. Sie ist der Meinung, wenn Gott sie wirklich kennt und sie immer noch liebt, dann müßte er ein >Narr< sein. Wenn sie nur begreifen könnte, daß Gott sie besser kennt, als sie sich selbst kennt, und daß er sie dennoch so sehr liebt, daß er seinen Sohn für sie ans Kreuz gesandt hat!

Für die meisten Menschen von heute ist es äußerst schwierig, eine solche bedingungslose und allwissende Liebe zu begreifen. Es ist eine Liebe, die nicht verdient und nicht begründet ist. Gott hat sie uns gezeigt, indem er seinen Sohn gesandt hat und ihn für uns hat sterben lassen. >Denn also hat Gott die Welt geliebt, daß er seinen eingeborenen Sohn gab, damit alle, die an ihn glauben, nicht verloren werden, sondern das ewige Leben haben< (Joh. 3, 16). Gott liebt Sie, und deshalb sind Sie in seinen Augen liebenswert. »Gott aber erweist seine Liebe zu uns darin, daß Christus für uns gestorben ist, als wir noch Sünder waren« (Röm. 5, 8).

Man könnte erwidern: »Nun gut, aber diese Liebe gehört der Vergangenheit an. Wie steht es mit der Gegenwart?« Jesus hat auch dies in der Gegenwart gesagt: »Denn er selbst, der Vater, hat euch lieb« (Joh. 16, 27).

Wie sieht es in der Zukunft aus? Ist seine Liebe groß genug, um die Schwierigkeiten, Enttäuschungen und Frustrationen zu überwinden, die unweigerlich auftreten werden? Auch hierauf hat die Bibel eine Antwort: »Denn ich (Paulus) bin gewiß, daß weder Tod noch Leben, weder Engel noch Mächte noch Gewalten, weder Gegenwärtiges noch Zukünftiges, weder Hohes noch Tiefes noch eine andere Kreatur uns scheiden kann von der Liebe Gottes, die in Christus Jesus ist, unserm Herrn« (Röm. 8, 38–39).

Manchen von uns fällt es nicht nur schwer, Gottes bedingungslose Liebe anzunehmen, sie haben auch Schwierigkeiten, andere zu lieben. Nehmen wir Reinhards Erfahrung als Beispiel. Er war gerade bei einem Freund zu Besuch, als dieser das Bedürfnis verspürte, zu ihm zu gehen, ihm die Hand auf die Schulter zu legen und ganz einfach zu sagen: »Weißt du, Reinhard, ich habe es dir schon lange nicht mehr gesagt, aber ich hab' dich gern.« Reinhard fuhr sofort herum und fauchte ihn an: »Was willst du?« Sein Freund erwiderte ganz erstaunt: »Nichts. Wovon sprichst du überhaupt?« Reinhard gab keine Antwort. Später suchte Reinhard seinen Freund noch einmal zu Hause auf und bat ihn um Verzeihung für die Art und Weise, wie er auf diesen Ausdruck der Zuneigung reagiert hatte. »Ich bin es einfach nicht gewohnt, daß jemand mich gern hat, ohne daß er gleichzeitig etwas von mir will«, erklärte er.

So oft werden unsere Erfahrungen in weltlichen Beziehungen zu einer Barriere in der Beziehung zu unserem himmlischen Vater, genauso wie das wahre Erlebnis von Reinhard, dem es schwerfiel, seinen Freund zu verstehen. Gott hat auf unser Problem, ihn recht zu verstehen, hingewiesen, indem er sagte: »...da meinst du, ich sei so wie du« (Ps. 50, 21).

Bedingungslose Annahme

Andere versuchen, mit Gott zu argumentieren: »Ich muß aber erst einmal anderen helfen« oder: »Ich muß erst einmal mein Leben bereinigen, bevor du mich annehmen kannst und bevor ich mich selbst annehmen kann.« Gottes Antwort lautet: »Ich nehme dich schon jetzt an. Weil mein Sohn für deine Sünden gestorben ist, kann ich dich annehmen.«

Gott liebt uns nicht nur bedingungslos, er akzeptiert uns auch so, wie wir sind. In der Bibel steht nicht geschrieben, daß wir etwas *leisten* müßten, um für Gott annehmbar zu werden. »Denn aus Gnade seid ihr selig geworden durch Glauben, und das nicht aus euch: Gottes Gabe ist es, nicht aus Werken, damit sich nicht jemand rühme« (Eph. 2, 8–9). Wenn Gott uns annimmt, so geschieht das nicht aufgrund unserer guten Taten oder unserer guten Einstellungen oder aufgrund dessen, was wir für ihn getan haben; es ist sein Geschenk an uns. Daß er uns annimmt, beruht darauf, wer er ist und was er vollbracht hat. Dies wird eine persönliche Erkenntnis für uns, wenn wir uns Christus anvertrauen und ihn als unseren Erlöser und Herrn annehmen. Die Bibel lehrt uns: »Wie viele ihn aber aufnahmen, denen gab er Macht, Gottes Kinder zu werden, denen, die an seinen Namen glauben« (Joh. 1, 12).

Gott hat von uns immer die besten Erwartungen, und er glaubt an unseren Erfolg. Auch wenn wir einmal versagen, haben wir bei ihm immer noch eine neue Chance. Er hält uns keine Strafpredigten. In seiner Gnade sagt er niemals: »Das habe ich schon vorher gewußt!« Er läßt zu, daß wir aus den Konsequenzen unserer Sünden lernen, wie er auch liebevoll straft und züchtigt. Er akzeptiert unsere Fähigkeiten und Begabungen und arbeitet mit uns und durch uns. In der Bibel sind seine Idealvorstellungen für unser Leben dargestellt, aber er weiß, daß wir immer wieder seine Erwartungen enttäuschen werden.

Eine berühmtgewordene Geschichte aus den Annalen von »Rose-Bowl«, dem Wettbewerb der Hochschul- und Universitätsschulen des American Football in Kalifornien, verdeutlicht, was es bedeutet, wenn jemand an einen glaubt und einen bedingungslos akzeptiert. Im Jahre 1929 machte ein Footballspieler des Teams der Universität von Kalifornien, Roy Riegels, Geschichte. Im zweiten Viertel der Spielzeit nutzte er eine Unsicherheit der gegnerischen Mannschaft, erwischte den Ball und lief auf die Endzone zu, allerdings auf der falschen Seite. Einen Augenblick blieben die anderen Spieler wie versteinert stehen. Dann lief Benny Loom, einer von Roys Mitspielern, hinter ihm her. Nach einem spektakulären Spurt wurde ein verwirrter Riegels von seinem eigenen Teamgefährten zu Boden gerissen, gerade noch rechtzeitig, bevor er für die gegnerische Mannschaft ein Tor schießen konnte.

Riegels Mannschaft mußte nun mit dem Rücken zur eigenen Torlinie den Ball spielen. Die Spieler der gegnerischen Mannschaft fingen den Schuß aus der Endzone ab und machten damit zwei Punkte (und das war der Vorsprung, mit dem sie auch am Ende das Spiel gewannen).

Zur Halbzeit schlichen die Spieler der Universität von Kalifornien niedergeschlagen in ihre Umkleidekabine. Zuschauer wie Spieler waren gleichermaßen gespannt, welches Schicksal Riegels in der Hand des Trainers Price erwartete. In der Kabine ließ sich Riegels in einer Ecke auf die Bank fallen, verbarg das Gesicht in den Händen und weinte hemmungslos. Trainer Price sagte kein Wort und machte auch nicht den Versuch, ihn aufzumuntern. Was hätte er auch sagen sollen? Als die Mannschaft sich für die zweite Halbzeit fertigmachte, war sein einziger Kommentar: »Männer, wir beginnen die zweite Halbzeit mit derselben Mannschaft, die auch die erste Halbzeit gespielt hat.«

Die Spieler gingen zur Tür, alle außer Riegels. Trainer Price ging zur Ecke, in der Riegels saß, und sagte mit ruhiger Stimme: »Roy, hast du nicht gehört? Ich sagte: Wir beginnen die zweite Halbzeit mit derselben Mannschaft, die auch die erste Halbzeit gespielt hat.« Roy antwortete: »Das kann ich nicht. Ich habe Sie blamiert und dazu auch die Universität und mich selbst. Ich kann auf keinen Fall wieder vor die Zuschauer im Stadion treten.«

Der Trainer legte seinem Spieler die Hand auf die Schulter und sagte: »Roy, steh' auf und geh' wieder hinaus; das Spiel ist erst halb vorüber.« Roy Riegels ging also hinaus und spielte weiter – mit mehr Einsatz, sagten die Spieler später, als sie jemals zuvor bei einem Footballspieler gesehen hatten.

Als Dr. J. Haddon Robinson diese Geschichte in der Zeitschrift »Campus-Life« erzählte, fuhr er fort: »Wenn ich an diese Geschichte denke, dann denke ich: ›Was für ein Trainer!‹ Und dann kommen mir all die großen Fehler in den Sinn, die ich in meinem Leben gemacht habe, und wie Gott bereit ist, mir zu vergeben und mir eine neue Chance zu geben. Ich nehme den Ball und laufe in die verkehrte Richtung. Ich stolpere und falle und schäme mich so, daß ich mein Gesicht nicht mehr zeigen will. Doch Gott kommt zu mir und beugt sich über mich in der Person seines Sohnes, Jesus Christus, und er sagt: ›Steh' auf und geh' wieder hinaus; das Spiel ist erst halb vorüber.‹

Das ist die gute Nachricht von der zweiten Chance. Von der dritten Chance. Von der hundertsten Chance.

Und wenn ich darüber nachdenke, muß ich sagen: ›Was für ein Gott!‹«[1]

Wir können uns selbst annehmen

Wenn Sie schon Christ sind, denken Sie einmal darüber nach, was geschah, als Sie Christus als Ihren Erlöser annahmen und als Gott Sie als sein Kind annahm. Sie wurden von neuem geboren (Joh. 3, 3–5; 1. Petr. 1, 23) als ein Kind Gottes (Joh. 1, 12–13). Sie wurden ein Erbe Gottes (Eph. 1, 11; Röm. 8, 17) und sind in Gottes Familie aufgenommen worden (Eph. 1, 5). Gott der Vater hat Ihnen seine Liebe erwiesen (Röm. 5, 8; 1. Joh. 4, 9–10), und er hat diese Liebe in Ihr Herz ausgegossen (Röm. 5, 5). Sie wurden eins mit Christus in einer Weise, daß Sie niemals mehr von ihm getrennt werden (Joh. 17, 23; Gal. 2, 20; Hebr. 13, 5); nichts wird Sie jemals von der Liebe Gottes scheiden (Röm. 8, 38–39). Sie werden die Ewigkeit bei dem, der Sie liebhat, in seiner Stätte verbringen (Joh. 14, 1–4). Sie sind in eine neue Familie aufgenommen worden, der Sie nun angehören (1. Kor. 12, 13–27).

Wenn wir erkennen, daß Gott uns bereits annimmt, ist unser nächster Schritt, daß wir uns selbst fragen: »Kann *ich* mich annehmen?«

Die Tatsache, daß Gott uns annimmt, sollte für uns eine Motivation zur Selbstannahme sein. Wenn wir uns selbst nicht so annehmen können, wie wir sind – mit unseren Grenzen und Fähigkeiten, Schwächen wie Stärken, Mängeln wie Begabungen –, dann können wir auch niemand anderem zumuten, uns so anzunehmen, wie wir sind. Wir werden immer eine Maske tragen, eine Fassade um uns selbst herum aufbauen und den anderen niemals zeigen, wie es in unserem tiefsten Innern wirklich aussieht.

Haben wir erst einmal begriffen, daß Gott uns annimmt, fällt es uns leichter, uns selbst bedingungslos anzunehmen. Dann fällt es uns leichter, uns von anderen annehmen zu lassen, und wir können auch andere vorbehaltlos so annehmen, wie sie sind.

Was die Kirche heute am dringendsten braucht, ist die Rückbesinnung der Christen auf die Ermahnung der Bibel: »Nehmt einander an, wie Christus euch angenommen hat zu Gottes Lob« (Röm. 15, 7).

Zur Familie dazugehören

Ich gehöre dazu! Ich bin Gottes Kind, und ich gehöre zu seiner Familie. Der Apostel Johannes hat eine sehr scharfsinnige Beobachtung gemacht, als er schrieb: »Seht, welch eine Liebe hat uns der Vater erwiesen, daß wir Gottes Kinder heißen sollen; und wir sind es auch!« Gleich, nachdem er die Worte »daß wir Gottes Kinder heißen sollen« ausgesprochen hatte, muß Johannes einen Moment verharrt und erkannt haben, was Gott ihm soeben gezeigt hatte, denn er fügte dieser entscheidenden Wahrheit den Ausruf hinzu: »und wir sind es auch!« (1. Joh. 3, 1).

Für jeden einzelnen von uns kommt im Leben einmal der Zeitpunkt, an dem wir innehalten und sagen sollten: »Und ich bin es auch – Gottes Kind –«, und zu dem uns klar wird, was das bedeutet.

Wir sind Gottes Kinder, er hat uns in seine Familie adoptiert. Manche unter uns meinen vielleicht, adoptierte Kinder würden innerhalb der Familie immer eine geringere Position einnehmen als die eigenen Kinder. Ich bin beeindruckt, wie ein Familienvater, Dick Day, der Dekan einer christlichen Schule, diesen Gedanken vollkommen widerlegt hat. Nachdem sie schon fünf eigene Kinder hatten, gingen er und seine Frau Charlotte nach Korea und adoptierten Jimmy, einen fünfjährigen Waisenjungen.

»Dieser kleine Junge Jimmy«, sagt Dick heute, »ist mein Sohn. Er hat genau dieselben Privilegien und Rechte wie unsere fünf anderen Kinder, dasselbe Anrecht auf unser Erbe, unsere Zeit und unsere Liebe.«

Dick hat mir mit seiner Aussage noch deutlicher vor Augen geführt, welchen Platz wir in der Familie Gottes einnehmen, als adoptierte Kinder und gleichberechtigte Erben neben Christus, Gottes einzigem Sohn.

Wir führen kein »Inseldasein« mehr

Jesus hat gesagt: »Glaubt mir, daß ich im Vater bin und der Vater in mir« (Joh. 14, 11). Hier sind zwei Personen vereint: Gott der Vater und Gott der Sohn. In den folgenden Versen ist davon die Rede, daß Gott eine dritte Person, den Heiligen Geist, senden wird. Und dann hat Christus gesagt: »An jenem Tage (gemeint ist Pfingsten und die Einsetzung des Leibes Christi) werdet ihr erkennen, daß ich in meinem Vater bin und ihr in mir und ich in euch« (Joh. 14, 20).

Verstehen Sie, was diese Worte bedeuten: »...daß ich in meinem Vater bin und ihr in mir und ich in euch«? Sie bedeuten, wenn Sie sich zu Christus als Ihrem Erlöser und Herrn bekennen, dann sind Sie in dem Vater und der Vater in Ihnen. Außerdem sind Sie in Christus und Christus in Ihnen.

Wenn ich nun im Vater bin und der Vater in mir ist, dann läßt sich daraus folgern, daß derselbe Vater, der in mir ist, auch in meinen Brüdern und Schwestern ist. Als Christ bin ich keine Insel, sondern eine Halbinsel. Ich bin ein Teil des Leibes Christi; ich gehöre zum Leib Christi.

Ich bin eines der lebendigen Glieder, von denen im 1. Korinther 12 die Rede ist. »Denn wir sind durch *einen* Geist alle zu *einem* Leibe getauft... und sind alle mit *einem* Geist getränkt... Aber Gott hat den Leib zusammengefügt und dem geringeren Glied höhere Ehre gegeben, damit im Leib keine Spaltung sei, sondern die Glieder in gleicher Weise füreinander sorgen. Und wenn ein Glied leidet, so leiden alle Glieder mit, und wenn ein Glied geehrt wird, so freuen sich alle Glieder mit. Ihr aber seid der Leib Christi und jeder von euch ein Glied« (1. Kor. 12, 13 und 24–27).

Wenn wir begreifen, daß wir zu Gott dem Vater und seiner Familie gehören, daß wir bedingungslos von ihm angenommen und geliebt werden, dann haben wir den Schlüssel zur Neuordnung unseres Gefühls von Geborgenheit.

Baustein zehn

Nennen Sie fünf Personen, von denen Sie glauben, daß diese Sie lieben; geben Sie an, in welcher Weise diese Menschen ihre Liebe zu Ihnen gezeigt haben.

_____

_____

_____

_____

_____

Was müßte Gott tun, um zu beweisen, daß er Sie liebt?

_____

_____

(Vgl. Röm. 5, 8 und 1. Joh. 4, 9–10) _____

Was ist der größte Liebesbeweis, den ein Mensch geben kann? (Siehe Joh. 15, 13) _____

Gibt es einen Menschen, den Sie so sehr lieben, daß Sie dazu bereit wären? _____ Wer liebt Sie in diesem Maße? _____ Gott liebt Sie in diesem Maße.

Formulieren Sie mit Ihren eigenen Worten, was Gott getan hat, um Ihnen seine große Liebe zu zeigen. _____

_____

_____

11

Ein neues Gefühl des eigenen Wertes

Obwohl wir wissen, daß Christus für unsere Sünden gestorben ist und daß er uns hierdurch wertvoll gemacht hat, haben wir manchmal das Gefühl, daß er doch nicht für uns persönlich gestorben sei. Er starb eben für die ganze Welt oder für andere Menschen, und wir gehören nur ganz zufällig dazu. Eigentlich war es ja den anderen zugedacht.

Und doch wäre Christus auch für Sie gestorben, wenn Sie der einzige Mensch gewesen wären, der auf der Erde gelebt hätte. Das haben Sie vielleicht schon einmal gehört, aber glauben Sie es auch? Denken Sie einmal darüber nach. Wenn Sie der einzige lebende Mensch gewesen wären, würden Sie den Platz Adams einnehmen. Und genau wie Adam hätten Sie ebenfalls gesündigt. Und genau wie für Adam hätte Gott einen Heiland gesandt (1. Mose 3, 15), in diesem Fall ganz allein für Sie.

Der Vergebung würdig

Können Sie glauben, daß Gott Ihnen jeden Tag neu die Sünden vergibt, die Sie begehen? In unserem Leben als Christen versagen wir jeden Tag. Und jeden Tag schenkt Gott uns seine Vergebung. Uns ist gesagt: »Wenn wir aber unsere Sünden bekennen, so ist er treu und gerecht, daß er uns die Sünden vergibt und reinigt uns von aller Ungerechtigkeit« (1. Joh. 1, 9).

Im Hebräerbrief 10, 12 lesen wir: »Dieser (Priester/Jesus) aber hat *ein* Opfer für die Sünden dargebracht.« Welche Auswirkungen dieses ein für allemal gebrachte Opfer hat, steht im Kolosserbrief: »Und (er) hat uns vergeben alle Sünden. Er hat den Schuldbrief getilgt, der mit seinen Forderungen gegen uns war« (Kol. 2, 13b–14a). Gott hat diese Vergebung teuer erkauft. »Denn ihr wißt, daß ihr nicht mit vergänglichem Silber oder Gold erlöst seid von eurem nichtigen Wandel nach der Väter Weise, sondern mit dem teuren Blut Christi« (1. Petr. 1, 18–19).

Achten wir darauf, wie David Gott seine Sünden bekannte: »Darum bekannte ich dir meine Sünde, und meine Schuld verhehlte ich nicht. Ich sprach: Ich will dem Herrn meine Übertretungen bekennen. Da vergabst du mir die Schuld meiner Sünde« (Ps. 32, 5). Welche Freiheit zu wissen, daß Gott uns vergibt! »So gibt es nun keine Verdammnis für die, die in Christus Jesus sind« (Röm. 8, 1).

Nun gibt es Menschen, die sich sicher sind, daß Gott ihnen niemals vergeben könnte, weil sie zuviel, zu lange oder zu schwer gesündigt haben. Eine siebzehnjährige Schülerin schrieb mir folgenden Brief:

> »Der Grund, warum ich diesen Brief schreibe, ist, weil ich einsam und verwirrt bin... Ich habe mit meinem Freund geschlafen, weil ich meinte, ihm das schuldig zu sein. Etwa vier Monate später stellte ich fest, daß ich schwanger war... Ich habe abgetrieben... Jens hat mich verlassen, und meine Eltern wissen gar nichts von allem. Vor etwa einem Monat bin ich Christ geworden... Ich fühle mich noch immer schuldig. Wie kann Gott mich lieben nach allem, was ich getan habe? Ich habe das Gefühl, daß mein Leben es nicht wert ist, weitergelebt zu werden... Ich weine mich jede Nacht in den Schlaf. Manchmal wünschte ich, ich wäre tot. Ich verstehe mich nicht besonders gut mit meinen Eltern. Sie sind schon ihr ganzes Leben lang Christen, und sie würden nicht verstehen, was ich durchmache... Ich bin so durcheinander. Kann Gott mich wirklich lieben und mir vergeben? Bitte antworten Sie mir.«

Diese junge Frau hat nicht die Bedeutung des Sterbens Christi am Kreuz erkannt, und sie sieht nicht, was es mit ihr zu tun hat. Wenn sie doch nur die gute Nachricht von der Vergebung begreifen könnte! Und das ist die Gute Nachricht, das Evangelium: Wenn wir unsere Sünden bekennen – diejenigen, derer wir uns bewußt sind –, dann vergibt uns Gott gnädig »alle Sünden«.

Was »alle Sünden« bedeutet, wird sehr anschaulich am Leben des Königs Manasse beschrieben, der zu den gottlosesten Königen Judas zählte. Er kehrte Gott den Rücken zu, betete falsche Götter an und verführte das Volk zum Götzendienst (2. Chronik 33, 1–9). Wenn die junge Schreiberin des Briefes glaubt, daß Gott ihr nicht vergeben könne, dann müßte sie auch ohne zu zögern sagen, daß Gott einem Manasse niemals vergeben könne. Die Geschichte erzählt jedoch, daß die Assyrer Manasse gefangennahmen und daß er sich in der Gefangenschaft vor Gott demütigte. Trotz Manasses böser Vergangenheit schenkte ihm Gott aus Liebe und Barmherzigkeit die Vergebung seiner Sünden. Wenn jeder Mensch begreifen könnte, wie vollkommen und umfassend die Vergebung Gottes ist, dann gäbe es in der Welt viel mehr Freude.

> »Er handelt nicht mit uns nach unseren Sünden und vergilt uns nicht nach unserer Missetat. Denn so hoch der Himmel über der Erde ist, läßt er seine Gnade walten über denen, die ihn fürchten. So fern der Morgen ist vom Abend, läßt er unsre Übertretungen von uns sein. Wie sich ein Vater über Kinder erbarmt, so erbarmt sich der HERR über die, die ihn fürchten« (Ps. 103, 10–13).

Wir können uns selbst vergeben

Ein weiterer wichtiger Aspekt der Vergebung Gottes ist, daß wir uns selbst vergeben können, wenn er uns vergibt. Viel zu häufig kommen Christen lediglich an den Punkt, wo sie zwar Gottes Vergebung annehmen, sich aber selbst noch nicht vergeben. Ist es nicht erstaunlich, daß wir gegen uns selbst härter sein können, als Gott es ist? Wir stellen höhere Anforderungen an uns selbst und stellen uns mehr Bedingungen für die Vergebung als unser himmlischer Vater.

Wenn Christus für unsere Sünden gestorben ist und Gott uns vergibt, warum sind wir dann nicht in der Lage, uns selbst zu vergeben? Um zu einem gesunden Selbstbild zu kommen, müssen wir uns unbedingt so sehen, wie Gott uns sieht – von den Sünden erlöst.

Vor einiger Zeit habe ich bei einem Gespräch in einem Restaurant etwas gesagt, das ich niemals hätte aussprechen dürfen. Mit meiner Äußerung kränkte ich einen Bruder in Christus zutiefst. Ich war schon auf dem Heimweg, als mir klar wurde, welche Wirkung meine unangebrachte Bemerkung gehabt hatte. Ich ging wieder zurück und suchte denjenigen auf, den ich so tief gekränkt hatte.

Wessen Vergebung?

Ich bekannte diesem christlichen Bruder, daß mein Handeln eine Sünde war, und bat ihn, mir zu vergeben. Er schaute mir gerade in die Augen und sagte: »Ich kann dir nicht vergeben. Du hättest so etwas niemals sagen dürfen.« Ich wußte nicht so recht, was ich tun sollte, und erwiderte: »Ich weiß, ich hätte das niemals sagen sollen, und deshalb bitte ich dich um Verzeihung.« Ich tat alles, was ich konnte, um die Angelegenheit wieder in Ordnung zu bringen, aber dieser Mann war nicht bereit, mir zu vergeben.

Ich ging frustriert und verwirrt nach Hause. Ich begann, geistlich und emotional mit dieser Situation zu kämpfen. Ich fühlte mich äußerst schuldig und fing an, mich selbst anzuklagen. »Wie konntest du so etwas nur sagen?« klagte ich mich an. »Wie kannst du ein christlicher Mitarbeiter sein und einen Bruder so verletzen? Wie kann Gott dich gebrauchen, wenn du so handelst?«

Meine endlose Selbstbestrafung muß wie ein neues Klagelied geklungen haben. Es handelte von Selbstmitleid und der Not persönlicher Schuld. Dann begann Gott in meinen Gedanken zu wirken. Ich hielt inne und überdachte den gesamten Vorfall einschließlich meines späteren Verhaltens noch einmal im Lichte der Heiligen Schrift und meiner

Beziehung zu Christus. Ich sagte mir: »Moment mal, Josh, hier machst du einen Fehler. Du hast zwei Möglichkeiten, mit dieser Situation umzugehen. Die erste: Du schwelgst weiterhin in Selbstmitleid und Schuldgefühlen, zweifelst an Gottes Fähigkeit, mit dieser Situation fertig zu werden und dich zu gebrauchen, und konzentrierst dich auf deine eigene Schwachheit und Sündigkeit. Die zweite Möglichkeit: Du erkennst, daß Jesus für diese Schuld gestorben ist, du unternimmst alles, was in deiner Macht steht, um dich mit deinem Bruder wieder zu versöhnen, du bekennst deine Sünde Gott gegenüber, nimmst seine Vergebung an und stellst fest, daß er in der Lage ist, diese Situation zu bewältigen. Hast du seine Gerechtigkeit erkannt, vergib dir selbst, richte die Augen auf Christus und gehe vorwärts im Glauben.«

Eine kurze Zeit rang ich mit diesen beiden Alternativen, doch dann entschloß ich mich, Gottes Vergeben anzunehmen, mir selbst zu vergeben, im Glauben weiterzugehen und von nun an alles zu tun, was mir möglich war, um die Beziehung zu einem gekränkten, unversöhnlichen Bruder zu heilen.

In diesem Augenblick wurde mir klar, daß die Annahme von Gottes Vergebung und die anschließende Selbstvergebung nicht davon abhängig oder dadurch bedingt ist, daß ein anderer mir verzeiht – auch wenn Gott von mir erwartet, daß ich alles in meiner Kraft Stehende tue, um die Sache wieder in Ordnung zu bringen. »Darum: wenn du deine Gabe auf dem Altar opferst und dort kommt dir in den Sinn, daß dein Bruder etwas gegen dich hat, so laß dort vor dem Altar deine Gabe und geh zuerst hin und versöhne dich mit deinem Bruder und dann komm und opfere deine Gabe« (Matth. 5, 23–24).

Ein Jahr später, als ich wieder an den Vorfall zurückdenken mußte, sagte ich zu meiner Frau: »Ich glaube, daß diese Beziehung inzwischen wieder geheilt ist. Der Schmerz scheint überwunden zu sein, und ich habe den Eindruck, er hat mir vergeben. Ja, ich glaube sogar, die Beziehung ist besser als je zuvor.«

Wenn wir erkennen, daß Gott uns vergibt, warum weigern wir uns, uns selbst zu vergeben? Welches Recht haben wir überhaupt, uns diese Vergebung selbst zu verweigern? Er allein hat das Recht, uns zu sagen, daß wir die Vergebung haben und ihrer würdig sind – nicht wir und unsere Gefühle.

Und Gott beschränkt sich nicht darauf, uns lediglich zu vergeben. Er sagt: »...ihrer Sünden und ihrer Ungerechtigkeit will ich nicht mehr gedenken« (Hebr. 10, 17). Wenn wir »Christi Sinn« (1. Kor. 2, 16) haben, dann müssen auch wir uns vergeben – und nicht verurteilen – und bereit sein, auch die Sünden von gestern zu vergessen.

Vergebung schenken

Das Schöne an einem gesunden Selbstbild auf dem Gebiet der Vergebung ist, daß man nicht nur in der Lage ist, sich selbst zu vergeben, sondern daß man auch ein Kanal oder ein Werkzeug der Vergebung für andere sein kann. »Seid aber untereinander freundlich und herzlich und vergebt einer dem andern, wie auch Gott euch vergeben hat in Christus« (Eph. 4, 32).

Eines der notwendigsten Bedürfnisse überhaupt in der Welt von heute ist die Erfahrung der Vergebung. Der Leiter einer psychiatrischen Klinik sagte einmal anläßlich eines Seminars an der Universität, daß die Hälfte seiner Patienten als geheilt entlassen werden könnten, wenn sie wüßten, daß ihnen vergeben sei.

Eine Art und Weise Gottes, uns die Vergebung zuzusprechen, ist durch seine Kinder. In einer weiteren Strophe des bereits zitierten Liedes »I am Loved« von Bill und Gloria Gaither wird dies deutlich: »Vergeben, wiederhole ich, vergeben ist mir, ich stehe rein und frei vor meinem Herrn. Vergeben, ich kann es wagen, meinem Bruder zu vergeben, vergeben, ich kann meine Hand nach deiner Hand ausstrecken.«

Als gefallene Sünder sind alle unsere Bemühungen, vor Gott gerecht zu werden, wertlos (Jes. 64, 6), aber als seine Geschöpfe sind wir nicht wertlos. Die Tatsache, daß er uns geschaffen hat, zusammen mit der Tatsache, daß er uns liebt – was durch sein Wirken an uns deutlich wird –, gibt uns beträchtlichen Wert. Wir dürfen dabei aber niemals vergessen, daß dies nicht etwa unseren Verdiensten zuzuschreiben ist, sondern allein dem Wesen und dem Handeln Gottes.

Wertvoll, aber in Sünde gefallen

Wenn wir ein gesundes Selbstbewußtsein definieren als »sich selbst so sehen, wie Gott uns sieht – nicht mehr und nicht weniger«, dann müssen wir nicht nur den Wert der Menschheit in den Augen Gottes berücksichtigen, sondern auch ihre Sündhaftigkeit, Auflehnung gegen Gott und ihre Entfremdung von Gott.

Die Bibel spricht ganz deutlich die Verstrickung in Sünde und die Verderbtheit der Menschen aus. Gott selbst hat das menschliche Herz als »trotzig und verzagt« bezeichnet (Jer. 17, 9).

Wollen wir ein ausgewogenes Bild von der menschlichen Natur erlangen, so müssen wir Gottes Sicht berücksichtigen, wie sie in Psalm 53, 3–4 beschrieben ist: »Gott schaut vom Himmel auf die Menschenkinder, daß er sehe, ob jemand klug sei und nach Gott frage. Aber sie sind alle abgefallen und allesamt verdorben; da ist keiner, der Gutes tut, auch nicht *einer.*«

Die menschliche Sünde ist allgegenwärtig. »Sie sind allesamt Sünder und mangeln des Ruhmes, den sie bei Gott haben sollten« (Röm. 3, 23). Manche unter uns weigern sich, dieser Realität ins Auge zu sehen, besonders wenn es sie selbst betrifft. Aber »wenn wir sagen, wir haben keine Sünde, so betrügen wir uns selbst, und die Wahrheit ist nicht in uns« (1. Joh. 1, 8).

Im Alten Testament wird uns berichtet, daß die hebräischen Krieger Schleudern als Waffen benutzten. Manche Krieger waren äußerst zielsicher. Sie konnten »mit der Schleuder ein Haar treffen, ohne zu fehlen« (Richter 20, 16). Das Wort, das hier mit »fehlen« übersetzt worden ist, lautet im Urtext *chatah,* was in der Grundbedeutung »das Ziel verfehlen, keinen Erfolg haben« heißt. An anderen Stellen im Alten Testament ist das Wort *chatah* mit »sündigen« übersetzt.

Das Neue Testament hat genau dasselbe Konzept von der Sünde. Paulus gebrauchte eine ähnliche Analogie bezüglich des Sündigens, als er das griechische Wort *hamartano* verwendete. Sündigen bedeutet: das Ziel verfehlen, den Anforderungen und Zielsetzungen nicht gerecht werden, die Gott aufgestellt hat, als er uns schuf. Dasselbe Wort steht auch im Römerbrief 3, 23. Es bedeutet, der heiligen, gerechten, wahrhaftigen Natur Gottes nicht zu entsprechen.

Selbstbild und Ebenbild Gottes

Wir alle sind zwar zutiefst mit Sünde behaftet, doch dieses Abfallen von Gottes Plan oder das Verfehlen des Zieles hat unsere Gottähnlichkeit nicht vollkommen zerstört. Zwischen den anderen Geschöpfen Gottes und den Menschen besteht noch immer ein gewaltiger Unterschied. Bei der Schöpfung hat Gott eine ewige Basis für die Würde und den Wert des Menschen gelegt. Gott schuf in uns ein besonderes Geschöpf, als er sprach: »Lasset uns Menschen machen, ein Bild, das uns gleich sei« (1. Mose 1, 26).

Dieses »Ebenbild Gottes« ist durch den Sündenfall der Menschheit zu einem Zerrbild geworden, doch es ist nicht völlig zerstört worden. Paulus schreibt sogar über die Korinther, die doch aktiv in Sünde lebten, daß sie »Gottes Bild und Abglanz« seien (1. Kor. 11, 7).

Wenn wir einmal außer acht lassen, daß wir das Bild Gottes in uns tragen, so könnten wir meinen, nicht viel mehr als ein Baum zu sein. Zugegeben, beide sind lebende Geschöpfe Gottes, doch besteht zwischen ihnen ein entscheidender Unterschied. Die Tatsache, daß der Mensch nach Gottes Bild geschaffen ist, gibt ihm intellektuelle Fähigkeiten, Gefühle, die Möglichkeit, zwischen Gut und Böse zu wählen, die Möglichkeit der Kreativität und die Fähigkeit, zu lieben und zu kommunizieren.

Was nun genau dieses »Ebenbild Gottes« im Menschen ausmacht, ist nicht sicher. Wir wissen aber, daß es beim Menschen auch noch nach dem Sündenfall existiert. Es ist eine Grundlage der Heiligkeit und des Wertes des menschlichen Lebens (1. Mose 9, 6).

Francis Schaeffer schreibt: »Es ist wichtig festzustellen, daß der in Sünde gefallene Mensch noch etwas von dem Bild Gottes in sich trägt. Der Sündenfall trennt den Menschen von Gott, aber er beseitigt nicht den ursprünglichen Unterschied zwischen dem Menschen und den anderen Geschöpfen. Der sündige Mensch ist nicht geringer als ein Mensch.«

Um unseren Wert als Menschen auch nach dem Sündenfall zu betonen, hat Jesus in einem Gleichnis den Wert der Menschheit mit dem Wert der Vögel verglichen, für die Gott sorgt: »Seht die Vögel unter dem Himmel an: sie säen nicht, sie ernten nicht, sie sammeln nicht in die Scheunen; und euer himmlischer Vater ernährt sie doch. Seid ihr denn nicht viel mehr als sie?... Darum fürchtet euch nicht; ihr seid besser als viele Sperlinge« (Matth. 6, 26; 10, 31).

Daß der Mensch mehr wert ist als ein Tier, erklärte Jesus auch seinen Gegnern, die meinten, er sollte am Sabbat nicht heilen: »Wer ist unter euch, der sein einziges Schaf, wenn es ihm am Sabbat in eine Grube fällt, nicht ergreift und ihm heraushilft? Wieviel mehr ist nun ein Mensch als ein Schaf!« (Matth. 12, 11–12).

Viele Autoren haben in diesem Zusammenhang die Worte Martin Luthers zitiert, der gesagt hat: »Gott liebt uns nicht, weil wir so wertvoll sind, sondern wir sind wertvoll, weil Gott uns liebt.« Dieser Satz ist gewiß zutreffend, doch vielleicht geht er noch nicht weit genug. Es könnte an dieser Stelle leicht ein falscher Eindruck entstehen. Ich möchte der Aussage: »Wir sind wertvoll, weil Gott uns liebt« noch die Worte hinzufügen: »und er hat seiner Liebe dadurch Ausdruck verliehen, daß er uns nach seinem Bilde geschaffen und dann in Christus *neugeschaffen* hat.«

Wertvoller durch Christus

Indem wir in Christus neugeschaffen sind, bekommen wir etwas, das so gut ist wie das ursprüngliche, unbefleckte Bild Gottes, ja sogar noch besser. »Denn er hat den, der von keiner Sünde wußte, für uns zur Sünde gemacht, damit wir in ihm die Gerechtigkeit würden, die vor Gott gilt« (2. Kor. 5, 21). (Die in der »Living Bible« gewählte Umschreibung bringt den emotionalen Gehalt des Verses noch plastischer zum Ausdruck: »Denn Gott nahm den sündlosen Christus und *goß unsere Sünden in ihn hinein*. Im Austausch *goß* er dann *Gottes Güte in uns hinein!*«)

Wenn wir bedenken, wie gut Gottes Güte und Gerechtigkeit in Wirklichkeit ist, können wir nur ehrfürchtig staunen, daß wir diese Güte jetzt besitzen. Wir sind nicht nur wertvoll, weil Gott uns als etwas Wertvolles geschaffen hat, sondern wir haben einen noch größeren Wert durch das Kreuz Christi und seine Liebe zu uns. Wir sind wertvoll, weil Gott uns erschaffen und erlöst hat.

Vor ein paar hundert Jahren mußte eine großer Gelehrter, Morena, wegen seines protestantischen Glaubens ins Exil gehen. Als er in der Lombardei (Italien) schwer erkrankte, brachte man ihn in ein Krankenhaus für Arme. Die Ärzte, die annahmen, daß der erbärmlich aussehende Mann ihre Sprache nicht verstand, begannen, sich an seinem Bett zu unterhalten. Sie sagten: »Er wird sowieso sterben. Wir wollen diese wertlose Kreatur noch für einen Versuch benutzen.« Als er dies hörte, richtete sich Dr. Morena auf, blickte die Ärzte an und sprach: »Wie können Sie das, wofür Jesus starb, wertlos nennen?«

Wenn wir begreifen, was Jesus für uns getan hat, können wir unsere Säule des Wertes, unser Selbstwertgefühl, erneuern und gleichzeitig unser Bild von der eigenen Person zusätzlich stabilisieren.

Baustein elf

In 1. Johannes 1, 9 heißt es: »Wenn wir aber unsre Sünden bekennen, so ist er treu und gerecht, daß er uns die Sünden vergibt und reinigt uns von aller Ungerechtigkeit.« Das Wort *bekennen* bedeutet, daß wir mit Gott zu einer Übereinstimmung im Hinblick auf unsere Sünde kommen. Wir brauchen nur zu bekennen, daß wir gesündigt haben, und zu begreifen, daß Jesus für diese Sünde gestorben ist.

Welche Sünde(n) haben Sie Gott zu bekennen?

_____

Wie verfährt Gott nach 1. Johannes 1, 9 mit Ihren Sünden?

_____

Von wieviel Untugend reinigt Gott Sie?

_____

Was will Gott tun, wenn Sie Ihre Sünden bekannt haben? (Lesen Sie hierzu Hebr. 9, 22). _____

_____

Wie weit sind Ihre Sünden von Ihnen entfernt worden? (Lesen Sie hierzu Psalm 103, 12). _____

_____

Wie rein und sauber macht Sie Gott? (Lesen sie Jes. 1, 18)

_____

Wer hat Ihre Sünden auf sich genommen? (2. Kor. 5, 21) _____

_____

Wessen Gerechtigkeit haben Sie empfangen? _____

12

Ein neues Gefühl der Kompetenz

Jetzt wollen wir uns die dritte Säule unseres Selbstbildes, das Kompetenzbewußtsein, genauer ansehen – eine Säule, die bei so vielen Menschen durch die harten Erfahrungen des täglichen Lebens ins Wanken geraten ist. Vielleicht hat es bei Ihnen mit einem unbewältigten Abhängigkeitsverhältnis gegenüber der Mutter oder dem Vater angefangen. Vielleicht haben Ihre Eltern alles für Sie getan, Ihnen aber keinen Freiraum zur Entwicklung Ihres Selbstbewußtseins gelassen. Vielleicht haben Sie aber auch seit Jahren eine Niederlage nach der anderen erlebt. Oder vielleicht hat auch nur ein verheerender Schicksalsschlag wie Scheidung oder Verlust des Arbeitsplatzes etc. Ihr Kompetenzbewußtsein erschüttert oder zerstört.

Was auch immer die Ursache sein mag, ohne ein Gefühl der Kompetenz verlieren wir jeglichen Mut und jegliche Hoffnung und nehmen eine pessimistische Grundhaltung im Leben ein. Jeder von uns braucht dieses innere Selbstvertrauen, das uns sagt: »Ich schaffe das!«

Selbstbewußtsein durch den Heiligen Geist

Aus welchem Grund auch immer Ihre Säule der Kompetenz schwach oder gar nicht entwickelt ist, sie kann immer noch neu aufgebaut oder verändert werden. Wenn Sie allmählich Ihre Beziehung zu Gott dem Heiligen Geist verstehen und erleben, kann Ihr Selbstbewußtsein erneuert werden.

Die Bibel hat viel über unsere Beziehung zum Heiligen Geist zu sagen: Aussagen, die vielen Christen gar nicht bewußt sind. Wir sind aus dem Geist geboren (Joh. 3, 3–5). Der Geist lebt in uns (Joh. 14, 17) und wird ewiglich bei uns sein (Joh. 14, 16). Der Geist lehrt uns, was wir wissen müssen (Joh. 14, 26), und bestätigt uns, daß wir geborgen sind, weil wir Gottes Kinder sind (Röm. 8, 16). Er leitet uns (Röm. 8, 14) und schenkt uns die Talente, Fähigkeiten und geistlichen Gaben, die wir brauchen, um ein sinnvolles Leben im Dienste des Herrn zu führen (1. Kor. 12, 4 und 11). Der Geist hilft uns in unserer Schwachheit auf und vertritt uns vor Gott (Röm. 8, 26–27). Der Geist ist die Kraft, die in uns die Frucht der Gerechtigkeit Gottes erzeugt: Liebe, Freude, Friede, Geduld, Freundlichkeit, Güte, Glaube, Sanftmut und Keuschheit (Gal. 5, 22–23).

Am wirksamsten läßt sich das uns durch den Heiligen Geist verliehene Kraftpotential begreifen, indem wir die Ressourcen kennenlernen, die jedem Christen aufgrund der ihm innewohnenden Gegenwart des Geistes zugänglich sind.

Etwas Wunderbares widerfuhr den Jüngern des Herrn am Pfingsttage. Sie wurden vom Heiligen Geist erfüllt, und sie begaben sich mit Hilfe seiner Macht daran, den Lauf der Geschichte zu verändern. Derselbe Heilige Geist, der damals den Jüngern die Kraft gab, ein heiliges Leben zu führen und mächtige und fruchtbringende Zeugen zu sein, will heute in uns wirken. Die wunderbare Tatsache, daß Jesus Christus in uns lebt und seine Liebe durch uns zum Ausdruck bringt, ist eine der bedeutsamsten Wahrheiten der Bibel.

Das unmögliche Leben

Der Versuch, den unmöglichen Anforderungen des christlichen Lebens aus eigener Kraft gerecht zu werden – ein Versuch, der von vornherein zum Scheitern verurteilt ist –, hat unweigerlich die Schwächung unseres Kompetenzgefühls zur Folge. Ein Christ, der versucht, so weit wie möglich Christus ähnlich zu werden (ein übernatürliches Ideal), kann in der Tat ein mangelhaftes Kompetenzgefühl haben als jemand, der kein Christ ist, aber nach einem menschlichen Ideal lebt. Die Anforderungen des christlichen Lebens sind zu hoch, als daß wir sie allein erfüllen könnten. Nach dem Wort Gottes hat es nur einer geschafft, diesen Anforderungen gerecht zu werden – Jesus Christus. Ein christliches Leben kann nur mit der Kraft des Heiligen Geistes gelebt werden.

Der Heilige Geist ermöglicht es dem Christen nicht nur, in Gottes Familie neu hineingeboren zu werden; er steht ihm auch beim geistlichen Wachstum, beim Hervorbringen der Frucht des Geistes zur Seite.

Der Heilige Geist gibt uns die Kraft, fruchtbringende Zeugen zu sein. Als Jesus sprach, daß wir seine »Zeugen zu Jerusalem und in ganz Judäa und Samarien und bis an das Ende der Erde« sein sollten, da stellte er diesem Satz folgende Feststellung voran: »Aber ihr werdet die Kraft des Heiligen Geistes empfangen, der auf euch kommen wird« (Apg. 1, 8). Es ist nicht nur unmöglich, ohne den Heiligen Geist Christ zu werden, es ist auch unmöglich, ohne ihn im Leben die Frucht des Geistes zu bringen und andere zu Jesus zu führen.

Von dem Augenblick an, da wir Christus in unser Leben aufnehmen und der Heilige Geist in uns einzieht, steht uns alles zur Verfügung, was wir brauchen, um Männer oder Frauen Gottes zu sein und für Christus Frucht zu tragen. Der Schlüssel hierzu ist, daß wir dem Heiligen Geist gestatten müssen, unser Leben zu erfüllen oder uns zu befähigen, damit wir unsere Möglichkeiten voll ausschöpfen können. Entscheidend ist zu erkennen, daß mit dem Wort *erfüllen* nicht gemeint ist, daß etwas von außen in uns hineinkommt, sondern daß etwas, das schon in uns ist, uns erfüllt. Deshalb ziehe ich hier die Wörter *durchdringen* oder *befähigen* vor.

Wir sind erfüllt vom Geist durch unseren Glauben, den Glauben an einen allmächtigen Gott, der uns liebt. Wenn wir einen Scheck zur Bank bringen, in dem Bewußtsein, daß wir Geld auf dem Konto haben, brauchen wir nicht im Zweifel hineinzugehen, ob die Bank unseren Scheck auch einlösen wird. Wir brauchen nicht den Kassierer anzuflehen, uns das Geld doch zu geben. Statt dessen gehen wir einfach im guten »Glauben« hinein, legen den Scheck am Schalter vor und können erwarten, daß wir das Geld ausgezahlt bekommen, das uns bereits gehört. Wenn wir Gott bitten, uns mit dem Heiligen Geist zu erfüllen, der schon in unserem Leben ist, bitten wir auch hier nur um etwas, das uns als Kindern Gottes schon gehört.

Wir können zwar allein aufgrund unseres Glaubens erwarten, daß uns die Bank das Geld auszahlt bzw. daß Gott uns mit dem Heiligen Geist erfüllt, doch müssen wir trotzdem gewisse Voraussetzungen erfüllen. Wir bekommen unser Geld bei der Bank nur ausgezahlt, wenn wir z. B. einen korrekt ausgefüllten und unterschriebenen Scheck vorlegen. Gehen wir einfach dreist an den Schalter, ohne die Auszahlungsvorschriften der Bank zu beachten, werden wir unser Geld kaum bekommen. Auch wenn wir uns einfach vor die Bank hinstellen und schreien: »Ich will mein Geld!« erreichen wir nicht das gewünschte Ziel.

In ähnlicher Weise müssen wir auch verschiedene Voraussetzungen erfüllen, wenn wir mit dem Heiligen Geist erfüllt werden wollen. Erstens müssen wir nach Gott hungern und dürsten und ernsthaft den Wunsch verspüren, mit seinem Geist erfüllt zu werden. Jesus hat uns zugesagt: »Selig sind, die da hungert und dürstet nach der Gerechtigkeit; denn sie sollen satt werden« (Matth. 5, 6).

Zweitens müssen wir bereit sein, unser Leben von Christus leiten zu lassen. Paulus sagte: »Ich ermahne euch nun, liebe Brüder, durch die

Barmherzigkeit Gottes, daß ihr eure Leiber hingebt als ein Opfer, das lebendig, heilig und Gott wohlgefällig ist. Das sei euer vernünftiger Gottesdienst« (Röm. 12, 1).

Drittens müssen wir alle unsere Sünden, die der Heilige Geist uns ins Bewußtsein bringt, bekennen und die von Gott versprochene Reinigung und Vergebung annehmen. »Wenn wir aber unsre Sünden bekennen, so ist er treu und gerecht, daß er uns die Sünden vergibt und reinigt uns von aller Ungerechtigkeit« (1. Joh. 1, 9).

Vom Heiligen Geist erfüllt – eine entscheidende Frage

Ein Christ hat keine Entscheidungsfreiheit bezüglich des Erfülltseins mit dem Geist. Es ist das Gebot Gottes, daß wir uns vom Heiligen Geist erfüllen lassen sollen. »Und sauft euch nicht voll Wein, woraus ein unordentliches Wesen folgt, sondern laßt euch vom Geist erfüllen« (Eph. 5, 18). Aber Gott gibt uns keine Gebote, ohne uns nicht einen Weg zu zeigen, wie wir sie erfüllen können. Er hat uns die Zusage gegeben, daß »wenn wir um etwas bitten nach seinem Willen, so hört er uns. Und wenn wir wissen, daß er uns hört, worum wir auch bitten, so wissen wir, daß wir erhalten, was wir von ihm erbeten haben« (1. Joh. 5, 14–15).

Der Heilige Geist wohnt schon in den Christen, deshalb brauchen sie ihn nicht zu bitten, in ihr Leben zu kommen. Sie brauchen ihn nur zu bitten, jeden Teil, jeden Winkel und jeden Spalt in ihrem Leben zu erfüllen und zu durchdringen.

Während der Heilige Geist nur einmal in das Leben eines Christen *einzieht* (nämlich dann, wenn er sein Leben Jesus Christus ausliefert), werden wir viele Male mit dem Heiligen Geist *erfüllt*. Im griechischen Urtext steht an dieser Stelle sogar, daß wir uns immer wieder und ständig vom Heiligen Geist füllen lassen sollen, damit er unser Leben lenken und befähigen kann.

Die frustrierenden Erfahrungen der eigenen, erfolglosen Anstrengung gehören der Vergangenheit an, wenn wir in der Kraft des Heiligen Geistes leben. Er allein kann uns die Fähigkeit verleihen, das heilige und erfüllte Leben zu führen, das wir uns wünschen.

Wenn Sie den Wunsch haben, ein vom Heiligen Geist erfülltes Leben zu führen, brauchen Sie lediglich den Vater darum zu bitten. Bekennen Sie ihm, daß Sie Ihr Leben bisher selbst in die Hand genommen haben, was eine Sünde gegen Gott, den rechtmäßigen Herrscher Ihres Lebens, ist. Danken Sie ihm, daß er Ihnen Ihre Sünden vergeben hat, indem er Christus für Sie am Kreuz hat sterben lassen. Laden Sie Christus ein, die

Herrschaft über Ihr Leben zu übernehmen, und bitten Sie den Heiligen Geist, Sie mit seiner Kraft zu erfüllen, damit Sie Christus in allem, was Sie tun, verherrlichen können.

Als Zeichen Ihres Glaubens danken Sie ihm dann dafür, daß er Ihr Gebet erhört hat. Ihm zu danken ist keine Vermessenheit, es bedeutet, daß wir darauf vertrauen, daß er uns erhört und uns alles geben will, was wir nach seinem Willen erbitten. Und da er uns gebietet, uns vom Heiligen Geist erfüllen zu lassen, ist es auch sein Wille, daß alle Christen diesen Lebensstil führen.

Aufgrund des neuen Kompetenzgefühls, das Paulus in seiner Erfahrung mit dem Heiligen Geist erlangt hatte, konnte er sagen: »Ich vermag alles durch den, der mich mächtig macht« (Phil. 4, 13). Paulus sah seine Fähigkeiten nicht in sich selbst, sondern in Gott, den er als wesentlichen Bestandteil seines Lebens kennengelernt hatte. »Nicht daß wir tüchtig sind von uns selber, uns etwas zuzurechnen als von uns selber; sondern daß wir tüchtig sind, ist von Gott« (2. Kor. 3, 5).

Schwächen werden in Stärken umgewandelt

Sehen wir uns die Menschen, die Gott gebraucht, einmal genau an, so stellen wir häufig fest, daß Gott in dem Augenblick, in dem sie ihr Leben ihm übergeben, ihre Schwächen in Stärken verwandelt.

Oft hört man Äußerungen wie: »Oh, Johannes oder Maria sollte eine bestimmte Aufgabe in der Kirche übernehmen. Er oder sie ist so begabt, so überzeugend, so fähig auf diesem bestimmten Gebiet.« Doch manchmal werden Stärken auch zu Schwächen. Die Stärken, auf die wir uns verlassen hatten, bevor Gott die Führung in unserem Leben übernahm, können manchmal auch von Nachteil sein.

Wir neigen dazu, uns gerade auf die Stärken zu verlassen, die wir schon kannten, bevor wir ganz bewußt dem Heiligen Geist gestatteten, andere Stärken in unserem Leben zu entwickeln. Die Stärken, über die wir schon verfügten, bevor der Heilige Geist in unserem Leben die Führung übernahm, sind manchmal Versuchungen, die uns zu Eigenmächtigkeit, Egoismus und Hochmut verleiten.

Andererseits können Schwächen, die wir kennen und von denen wir wissen, daß wir sie nur mit Gottes Hilfe überwinden können, uns unsere Abhängigkeit vom Heiligen Geist vor Augen führen und sich später als unsere größten Stärken erweisen.

Die Starken und die Schwachen

Die richtige Einstellung zu uns selbst bekommen wir, wenn wir verstehen, wer wir mit unseren Stärken und guten Seiten, unseren Schwächen und Fehlern sind, und dabei nicht vergessen, daß die Eigenschaften, die oberflächlich betrachtet als Stärken erscheinen, uns zu Hochmut verführen können. Ein gesundes Selbstbild zu haben bedeutet nicht, daß man dabei keine Grenzen hätte. Wenn wir aber wissen, wer wir in Christus sind, sind wir frei, unsere Schwächen, Fehler und Unzulänglichkeiten anzunehmen – und uns nicht länger von ihnen bedrohen zu lassen. Mit Geduld und Zuversicht lassen sich solche Probleme bewältigen, ohne daß wir uns selbst erniedrigen müßten, weil wir etwa einem selbsterdachten Vollkommenheitsideal nicht standhalten.

Wer eine starke Säule der Kompetenz besitzt, kann das Axiom erfüllen, das an früherer Stelle in diesem Buch aufgestellt wurde: »Ich bin nicht so, wie ich sein sollte (oder wie ich eigentlich geschaffen wurde), aber ich bin auch nicht mehr so, wie ich einmal war, und mit Gottes Gnade werde ich nicht so bleiben, wie ich jetzt bin.« Wir können »guter Zuversicht (sein), daß der in *uns* angefangen hat das gute Werk, der wird's auch vollenden bis an den Tag Christi Jesu« (Phil. 1, 6).

Baustein zwölf

Der Heilige Geist verleiht uns Kraft. »Denn Gott hat uns nicht gegeben den Geist der Furcht, sondern der Kraft und der Liebe und der Besonnenheit« (2. Tim. 1, 7). Eine moderne Übersetzung (Hoffnung für alle) gibt diesen Vers folgendermaßen wieder: »Denn Gott hat uns seinen Heiligen Geist gegeben. Und das ist kein Geist der Furcht, sondern ein Geist, der uns mit Kraft, Liebe und Selbstüberwindung erfüllt.«

Welcher obengenannte Geist ist nicht von Gott? _____

_____

Welcher Geist ist von Gott? _____

_____

In Philipper 4, 13 steht geschrieben: »Ich vermag alles durch den, der mich mächtig macht.« Bedeutet das, daß wir möglicherweise in der Lage sind, alles zu tun, was Gott von uns verlangt, was immer es auch sein mag?

_____

13

Der Prozeß der »geistlichen Erziehung«

Viele Christen haben die Hand ausgestreckt und nach bestem Wissen die Fülle Gottes ergriffen, und doch sind sie nach Jahren noch immer unzufrieden mit ihrem Selbstbild und mit ihrem Wachstum in ihrem Glaubensleben. Vielleicht gehören Sie auch zu dieser Gruppe von Christen. Vielleicht hat Gott Sie sogar auf wunderbare Art gebraucht. Vielleicht werden Sie von anderen als Verkörperung des Glaubens und der Reife bewundert, und doch sehen Sie sich im Grunde immer noch als ein armseliges Exemplar von Gottes Schöpfung. Vielleicht ist es Ihnen niemals bewußt geworden, daß zum christlichen Wachstum auch die Entwicklung eines besseren Selbstbildes gehören sollte. Vielleicht ist Ihnen niemals bewußt geworden, aus welchem Grund Sie überhaupt ein so mangelhaftes Bild Ihrer selbst haben.

Gottes Plan zur Heilung unzulänglicher Selbstbilder und Persönlichkeiten ist nach demselben Muster aufgebaut wie sein ursprünglicher Plan der Kindererziehung. Ursprünglich sollten aus dem Erziehungsprozeß gesunde Persönlichkeiten hervorgehen, aber als die Sünde in die Welt kam, wurde das Original zutiefst verzerrt.

Am Anfang dieses Buches haben wir drei Hauptelemente des Erziehungsprozesses herausgearbeitet. Das erste Element ist das *Vorbildsein.* Eltern sollten ihren Kindern ein Vorbild sein. Das zweite Element ist das *Lehren.* Die Eltern sollen ihren Kindern das praktische Wissen vermitteln, das sie brauchen, um in dieser Welt leben zu können (dazu gehört auch das Strafen). Für christliche Eltern bedeutet dies, daß sie ihren Kindern ein gutes christliches Elternhaus geben und sie nach Gottes Wort erziehen. Das dritte Element ist das *Lernen, aufeinander einzugehen.* Das Verhältnis eines Kindes zu den Eltern schafft die Atmosphäre, in der die beiden ersten Elemente wirksam werden können. Ohne ein gutes Verhältnis der Liebe, des Verständnisses und der Annahme sind die Elemente des Vorbildseins und des Lehrens wirkungslos.

Von der Kindererziehung zur »geistlichen Erziehung«

Auch das geistliche Leben eines Menschen beginnt mit der Geburt und wächst in einem Erziehungsprozeß. Der erste Schritt ist die Bekehrung. In dem Augenblick, in dem wir Christus annehmen, tun wir den ersten Schritt, um den Sündenprozeß, der sich von Generation zu Generation fortgesetzt hat, umzukehren, und die Ausrichtung unseres Lebens auf geistliche und emotionale Gesundheit neu festzulegen. Ein neuer Erziehungsprozeß ist damit eingeleitet. Ein Wachstum mit dem Ziel, Christus ähnlich zu werden, hat begonnen. In diesem Wachstumsprozeß werden wir wieder wie Kinder, weil unsere geistlichen und emotionalen Bedürfnisse, die in unserer Beziehung mit unseren menschlichen Eltern nicht erfüllt wurden, nun von Gott erfüllt werden – durch die Glieder des Leibes Christi.

Viele Menschen in unserer Zeit sind in Elternhäusern aufgewachsen, die den Anforderungen nicht mehr gerecht werden konnten. Sie sind in einer Atmosphäre groß geworden, in der sie kaum das Mindestmaß an emotionaler Unterstützung bekamen, das man zum körperlichen Überleben braucht. Wenn diese Menschen Christen werden, haben sie vielleicht einen viel weiteren Weg zurückzulegen, um Christus ähnlich zu werden, als jemand, der in einem Elternhaus aufgewachsen ist, das eher in der Lage war, eine Grundlage für emotionale Gesundheit zu legen. Im allgemeinen gilt, daß im geistlichen Erziehungsprozeß der Aufwand um so geringer wird, je besser der ursprüngliche Erziehungsprozeß seinen Anforderungen gerecht werden konnte.

Gewiß ist der Erfolg dieses Prozesses auch weitgehend davon abhängig, wie stark der einzelne den Wunsch und die Bereitschaft verspürt, sich heilen zu lassen. Doch Menschen, deren Elternhaus seinen Pflichten nur ungenügend nachgekommen ist, haben meist mehr Schwierigkeiten zu überwinden, wenn es darum geht, ihr Leben einem himmlischen Vater anzuvertrauen. Das Bewußtsein, daß sie sich Gott anvertrauen sollten, und sogar der Wunsch, er möge sie nach seinem Bild formen, bringt sie nicht über einen bestimmten Punkt hinaus, und oft wissen sie noch nicht einmal, warum.

Christliches Wachstum vollzieht sich am besten in einer Atmosphäre der emotionalen Unterstützung und Liebe, was eigentlich schon im Elternhaus gegeben sein sollte. Der Leib Christi, sei es nun eine Kirche, eine kleine Gruppe christlicher Freunde etc., sollte eine solche Atmosphäre aufbauen und die zum Wachstum notwendigen Bestandteile liefern.

Glaubenswachstum in der Urgemeinde

Der Entwurf Gottes zur Veränderung des Selbstbildes und der Persönlichkeit eines Menschen wird in der Apostelgeschichte am Beispiel der ersten christlichen Gemeinde deutlich.

»Sie blieben aber beständig in der Lehre der Apostel und in der Gemeinschaft und im Brotbrechen und im Gebet. Es kam aber Furcht über alle Seelen, und es geschahen auch viele Wunder und Zeichen durch die Apostel. Alle aber, die gläubig geworden waren, waren beieinander und hatten alle Dinge gemeinsam. Sie verkauften Güter und Habe und teilten sie aus unter alle, je nach dem es einer nötig hatte« (Apg. 2, 42–45).

Der Schwerpunkt lag in der neutestamentlichen Gemeinde anscheinend auf drei Erfahrungen, an denen jeder Gläubige teilhaben sollte. Die erste Erfahrung ist eine unerläßliche Lehrerfahrung: »Sie blieben aber beständig in der Apostel Lehre.« Die zweite Erfahrung ist eine unverzichtbare Beziehungserfahrung: »...und in der Gemeinschaft und im Brotbrechen und im Gebet... Alle aber, die gläubig geworden waren, waren beieinander und hatten alle Dinge gemeinsam.« Die dritte Erfahrung ist eine unerläßliche Zeugniserfahrung. Zeugnis abzulegen hieß im Neuen Testament, ein Leben als Christ zu führen und darüber zu sprechen. Diesen Dienst des Zeugnisgebens leisteten die Christen sich nicht nur gegenseitig, sondern auch ihrer nichtchristlichen Umwelt. »Und sie waren täglich einmütig beieinander im Tempel und brachen das Brot hier und dort in den Häusern, hielten die Mahlzeiten mit Freude und lauterem Herzen und lobten Gott und fanden Wohlwollen beim ganzen Volk. Der Herr aber fügte täglich zur Gemeinde hinzu, die gerettet wurden« (Apg. 2, 46–47).

»Geistliche Erziehung« und Nachfolge

Der Leib Christi soll an diesen drei Elementen des geistlichen Erziehungsprozesses teilhaben – sowohl in der Rolle des Kindes als auch in der Rolle des Elternteils –, indem er gleichzeitig nimmt und gibt, und das nicht nur formell, sondern im täglichen Umgang miteinander. Mit Hilfe dieser drei Erfahrungen sollte jeder Christ allmählich die Reife erlangen. Häufig werden diese Erfahrungen auch unter dem Begriff *Nachfolge* zusammengefaßt. Wir wollen diesen Prozeß hier als »*geistliche Erziehung*« bezeichnen.

Nicht zufällig lassen sich zwischen dem Wachstums- und Erziehungsprozeß der Kindheit und dem »geistlichen Erziehungs«- oder Nachfolgeprozeß Parallelen ziehen. Im Wachstums- und Erziehungsprozeß sollen die leiblichen Eltern als fördernde Kraft wirken. Im Prozeß der geistlichen Erziehung soll der Leib Christi die fördernde Kraft sein, wobei jedes einzelne Glied sowohl die Rolle des Kindes als auch die Rolle der Eltern übernimmt.

Das Wort Gottes in der »geistlichen Erziehung«

Um unser Leben als Christen zu verändern, setzt Gott noch eine weitere fördernde Kraft ein: das Wort Gottes. Der Heilige Geist wirkt durch die Gemeinschaft der Gläubigen und durch sein Wort, um uns zu helfen, so wie Jesus Christus zu werden. Petrus hat geschrieben: »Und seid begierig nach der vernünftigen lauteren Milch wie die neugeborenen Kindlein, damit ihr durch sie zunehmt zu eurem Heil, da ihr ja geschmeckt habt, daß der Herr freundlich ist« (1. Petr. 2, 2–3). Indem er unser Bewußtsein erneuert, benutzt der Heilige Geist das Wort Gottes, um unserem Denken eine neue Richtung zu geben (Röm. 12, 2). Paulus schrieb: »Und er hat einige als Apostel eingesetzt, einige als Propheten, einige als Evangelisten, einige als Hirten und Lehrer, damit die Heiligen zugerüstet werden zum Werk des Dienstes. Dadurch soll der Leib Christi erbaut werden, bis wir alle hingelangen zur Einheit des Glaubens und der Erkenntnis des Sohnes Gottes, zum vollendeten Mann, zum vollen Maß der Fülle Christi, damit wir nicht mehr unmündig seien und uns von jedem Wind einer Lehre bewegen und umhertreiben lassen durch trügerisches Spiel der Menschen, mit dem sie uns arglistig verführen. Laßt uns aber wahrhaftig sein in der Liebe und wachsen in allen Stücken zu dem hin, der das Haupt ist, Christus« (Eph. 4, 11–15).

Das Konzept des Miteinanders

Durch sein Wort offenbart Gott seine Eigenschaften, seinen Charakter und seine Persönlichkeit. Durch den Leib Christi werden diese Eigenschaften sichtbar. Etwa sechzig Mal ist im Neuen Testament vom »Konzept des Miteinanders« die Rede. Hier werden Prinzipien aufgezeigt, die Gottes Wirken an den Gliedern des Leibes Christi beschreiben.

Dieses Konzept umfaßt die brüderliche Liebe untereinander (Röm. 12, 10), die gegenseitige Ehrerbietung (auch Röm. 12, 10), die einträchtige Gesinnung untereinander (Röm. 15, 5), die gegenseitige Annahme (Röm. 15, 7), die gegenseitige Ermahnung (Röm. 15, 4), das gegenseitige Grüßen (Röm. 16, 3–6, 16), das gegenseitige Dienen (Gal. 5, 13), das gegenseitige Tragen der Last (Gal. 6, 2), das gegenseitige Vertragen in der Liebe (Eph. 4, 2), das Einander-untertan-Sein (Eph. 5, 21) und die gegenseitige Erbauung (1. Thess. 5, 11).

Gott wird offenbar durch den Leib Christi

Als Jesus bei uns auf der Erde lebte, sagte er zu seinen Jüngern, daß er gekommen sei, um uns den Vater zu zeigen. Er sprach: »Wer mich sieht, der sieht den Vater! ... Glaubst du nicht, daß ich im Vater bin und der Vater in mir? Die Worte, die ich zu euch rede, die rede ich nicht von mir selbst aus. Und der Vater aber, der in mir wohnt, der tut seine Werke« (Joh. 14, 9–10).

Während seines irdischen Lebens hat Jesus der Welt Gott geoffenbart. Er ließ das Wesen und die Eigenschaften Gottes Wirklichkeit werden; er ließ Gottes Persönlichkeit Fleisch und Blut werden. Wir wissen, wie Gott ist, weil Jesus ihn uns gezeigt hat. Könnte es sein, daß die Kirche Gott in einer ähnlichen Weise offenbaren sollte, wie Jesus es getan hat? Die Antwort lautet *ja*. Die Kirche wird der Leib Christi genannt, und eines ihrer Ziele besteht darin, das Wesen und die Eigenschaften Gottes des Vaters für die Menschen von heute erkennbar zu machen.

Eine junge Frau wurde gefragt, in welcher Weise Gott seine Liebe zu ihr sichtbar werden lassen könnte. Sie dachte einen Augenblick nach und antwortete: »Er könnte sie mir zeigen!« Ist dies nicht die Aufgabe des Leibes Christi, Gottes Liebe Wirklichkeit werden zu lassen? Wenn ein Mensch in der Heiligen Schrift etwas über Gottes Liebe liest oder eine Predigt zu diesem Thema hört, dann ist das nur ein Aspekt. Wirklich wird Gottes Liebe für diesen Menschen erst dann, wenn er diese Liebe durch die Glieder des Leibes Christi erfährt.

Vielleicht erinnern Sie sich an eine solche Erfahrung in Ihrem Leben; oder vielleicht erinnern Sie sich, daß Gottes Vergebung in dem Augenblick Wirklichkeit für Sie wurde, als ein Freund Ihnen sagte, daß er Ihnen vergeben habe.

Nach dem göttlichen Plan vollzieht sich der »geistliche Erziehungsprozeß« durch den Leib Christi nach demselben Muster wie der Wachstums- und Erziehungsprozeß während der Kindheit. Die folgende Tabelle soll diese Parallelität verdeutlichen:

	Erziehung	»Geistliche Erziehung«
BEAUFTRAGTE GOTTES	ELTERN	LEIB CHRISTI
Verhaltensvorbilder	Vorbild sein	Zeugnis geben
Unerläßliche Lernerfahrung	Lehren	Lehren
Unerläßliche Beziehungserlebnisse	Beziehung	Gemeinschaft

Die »geistliche Erziehung« in der Praxis

Unser Selbstbild wird verändert, wenn wir uns Gottes Erziehungsprozeß unterziehen. Er hat uns dieses Mittel zur Erneuerung und Veränderung unseres Selbstbildes zur Verfügung gestellt, aber wir müssen bereit sein, uns diesem Prozeß auch zu unterziehen.

Die eigenen Bedürfnisse benennen. Der erste Schritt, den wir tun müssen, besteht darin, daß wir uns Klarheit verschaffen, welche Bereiche unserer Persönlichkeit verändert werden sollen. Wo liegen die Barrieren, die unser persönliches Wachstum behindern? Welche Säule unseres Selbstbildes ist die schwächste? Vielleicht ist es gerade die Säule, die wir bisher kaum beachtet haben, weil wir meinten, sie sei nicht so wichtig wie eine andere Säule, die wir für die stärkste hielten (und der wir deshalb auch die größere Bedeutung beigemessen hatten). Es kann sich dabei auch um eine Säule handeln, die wir früher für stark hielten, bei der sich nun aber herausgestellt hat, daß die vermeintliche Stärke auf falschen Voraussetzungen beruhte.

Der beste Weg zur Selbsterkenntnis ist, zu beten und Gott zu bitten, uns durch sein Wort zu zeigen, was er ändern möchte. Versuchen Sie, herauszufinden, was Gott für wichtig hält. Fangen Sie mit dem Gebet des Psalmisten an: »Erforsche mich, Gott, und erkenne mein Herz; prüfe mich und erkenne, wie ich's meine. Und sieh, ob ich auf bösem Wege bin, und leite mich auf ewigem Wege« (Ps. 139, 23–24).

Zeitweise werden Sie in diesem Prozeß Hilfe brauchen; in diesem Fall ist es hilfreich, einen erfahrenen christlichen Freund, einen Pfarrer oder einen christlichen Seelsorger um Rat zu fragen.

Hilfe durch die Bibel. Beginnen Sie mit dem Bibelstudium, wenn Sie Ihren eigenen Standort erkannt haben und wissen, woran Sie arbeiten müssen. Behalten Sie dabei stets Ihr Ziel vor Augen. Sie werden einiges in der Bibel finden, das »nur für Sie« geschrieben und Ihnen vorher niemals aufgefallen ist. Ein spezifisches, zielorientiertes Bibelstudium kann ein Großteil der Energie bringen, die benötigt wird, um die angestrebte Veränderung einzuleiten.

Im Wort Gottes liegt eine Kraft, die Leben verändern kann. Wenn ein Mensch einen Abschnitt der Bibel studiert, der sich auf sein Problem bezieht, und darüber nachdenkt, kann dies weitreichende Folgen haben. Häufig lassen sich diese Folgen als ein Wirken des Heiligen Geistes erklären. Der Heilige Geist nimmt das Wort Gottes und benutzt es, um das Selbstbild und die Persönlichkeit des Menschen zu erneuern und zu verändern.

Hilfe durch den Leib Christi. Der letzte Schritt in diesem Prozeß ist die Einbeziehung der Glieder des Leibes Christi – diese werden zu Werkzeugen des Heiligen Geistes, indem sie an unserer Veränderung mitwirken. Es ist interessant, daß alle Abschnitte im Neuen Testament, die das »Miteinander« betreffen, jeweils eine doppelte Verantwortung implizieren. Galater 6, 2 sei hier zitiert: »Einer trage des andern Last, so werdet ihr das Gesetz Christi erfüllen.« Unsere Verantwortung ist offenkundig: Christen sollen einander die Lasten tragen helfen. Das setzt aber die Bereitschaft der Menschen voraus, ihre Lasten zu teilen. Wir sollen anderen erlauben, unsere Lasten mitzutragen, uns zu lieben und für uns zu sorgen, genau wie wir dies auch für sie tun sollten.

Durch den Leib Christi beginnen wir, Gottes Liebe und seine Eigenschaften persönlich zu erfahren. Wenn wir aufeinander eingehen, verwirklichen wir sein Wesen und seine Persönlichkeit auf eine Weise, die unser Leben verändert. Unsere gegenseitigen Beziehungen werden zu Katalysatoren, die eine Heilung in unserem Leben bewirken.

Wenn ich Gottes Liebe, Trost, Gnade und Gerechtigkeit durch Sie erfahre, beginnt mein Selbstbild sich zu wandeln. Wenn Sie mir vergeben und auf mich eingehen, so als sei ich es wirklich wert, glaube ich allmählich selbst daran. Wenn Sie mir vertrauen, an mich glauben und mich ermutigen, beginne ich, mir selbst zu vertrauen und an mich selbst zu glauben. Ich entwickle ein neues Bewußtsein für meine Fähigkeiten. Meine Persönlichkeit wird durch meine Beziehung zu Ihnen verändert, wenn der Heilige Geist in mir wirkt. *Durch den Leib Christi werden die Wahrheiten, die ich aus dem Wort Gottes gelernt habe, Wirklichkeit.*

Der Kreislauf des Annehmens

Das Wachstum in der Selbstannahme und die Entwicklung eines besseren, gesünderen Selbstbildes sind ein Kreislauf. Dieser Kreislauf beginnt dort, wo man anfängt, Gottes Liebe und Annahme zu verstehen. Es ist auch hier wichtig zu erkennen, daß die wahre Grundlage der Annahme und des Selbstwertes in Gott liegt, und nicht in anderen Menschen. Wachsen wir in diesem Bewußtsein, dann kommen wir auch dahin zu glauben, daß wir liebenswert und annehmbar sind. An dieser Stelle können wir eine gesunde Selbstannahme entwickeln.

Das Selbstvertrauen, das aufgrund unserer neuerworbenen Selbstannahme entsteht, bewirkt, daß wir offener in der Beziehung zu anderen Menschen sein können. Wir können freier zeigen, daß wir sie lieben und annehmen. Wenn diese Beziehungen sich bessern und sich eine größere Nähe einstellt, bekommen wir auch eine klarere Sicht von uns selbst und erleben Gottes Liebe und Annahme intensiver.

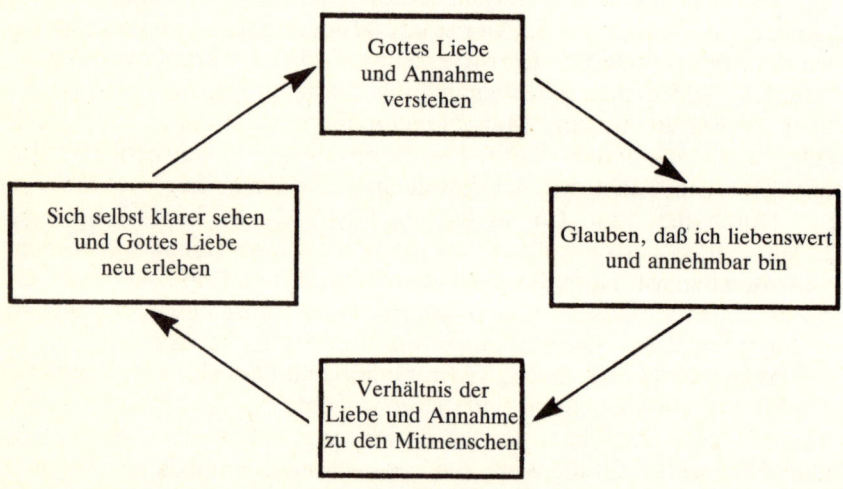

Das Beispiel des Paulus

In seinem ersten Brief an die Thessalonicher (2, 1–12) gibt Paulus ein Beispiel für den Prozeß der »geistlichen Neuerziehung«, indem er beschreibt, wie er selbst bei seinem Dienst vorgegangen ist. Er beschreibt, wie behutsam er mit den Christen in Thessalonich umgegangen ist – gleichwie »eine Mutter ihre Kinder pflegt« (Vers 7). Er beschreibt, wie er die Gemeinde ermahnt und aufgerichtet hat, so »wie ein Vater seine Kinder« (Vers 11). Er hebt hervor, welche Beziehung er zu ihnen hatte: »So hatten wir Herzenslust an euch und waren bereit, euch nicht allein am Evangelium Gottes teil zu geben, sondern auch an unserem Leben, denn wir hatten euch lieb gewonnen« (Vers 8).

Hier wird ganz deutlich, daß Paulus einen Prozeß der Neuerziehung angewandt hat, der dem oben beschriebenen Prozeß entspricht. Er *lehrte* die Gemeinde. Er *ging auf sie ein* in Liebe und Verständnis. Er war ihnen ein *Vorbild* bzw. ein *Zeuge* dessen, was es bedeutet, nach Gottes Willen zu leben.

Man beachte, daß Paulus die Thessalonicher an zwei Stellen als Brüder angeredet hat, wenngleich er als Apostel sie doch mit dem Ton einer Autoritätsperson hätte anreden können. Dies ist ein wichtiger Unterschied, den wir in unserer Beziehung zum Leib Christi immer bedenken müssen. In der ursprünglichen Wachstums- und Erziehungsphase werden zwei Komponenten in Betracht gezogen: die Autorität und die Eltern-Kind-Beziehung. Während unserer Kindheit nahmen unsere Eltern diese beiden Rollen wahr. Jetzt, da wir gläubig sind, übt Gott die autoritative Komponente aus, während unsere Brüder und Schwestern in Christus die Beziehungskomponente erfüllen. Dies hat Jesus wohl gemeint, als er sprach: »Und ihr sollt niemanden unter euch Vater nennen auf Erden; denn einer ist euer Vater, der im Himmel ist« (Matth. 23, 9).

Am Leibe Christi ist ein jeder von uns gleichzeitig Schüler und Lehrer – ob uns dies bewußt ist oder nicht. Wir haben vielleicht das Gefühl, wir würden nur nehmen und nicht geben, oder umgekehrt. Aber eine Beziehung zwischen Brüdern und Schwestern umfaßt beide Richtungen.

In den letzten Jahren hat sich in den Gemeinden mehr und mehr das Bewußtsein verbreitet, daß die Gemeinde den Leib Christi auf der Erde darstellt. Wenn die Christen das Miteinander im Sinne Gottes mehr pflegen, sollte auch in wachsendem Maße erkennbar werden, welch heilsame Wirkung die »geistliche Neuerziehung« auf unser Selbstbild hat.

Baustein dreizehn

Lesen Sie Epheser 4, 11–16 (möglichst in einer modernen Bibelübersetzung).

Haben Sie entdeckt, welches Glied oder welche Glieder Sie am Leib Christi darstellen? _____

Welches Glied stellen Sie Ihrer Meinung nach am Leib Christi dar? _____

_____

Sind Sie genügend in einem örtlichen Glied des Leibes Christi engagiert, um allmählich zu sehen, wo Ihr Platz ist? _____

Bitten Sie Gott, Ihnen Ihren Platz in der Gemeinde zu zeigen. Sie sollten auf jeden Fall Gemeinschaft mit anderen Christen haben und mit ihnen in der Gemeinde arbeiten.

14

Seinem Bild ähnlich werden

Wenn wir uns auf das neue Abenteuer mit Gott einlassen wollen, um unser Selbstbild zu verbessern und Christus ähnlicher zu werden, dürfen wir nicht vergessen, daß unser Selbstbild eng mit unserer Selbstachtung zusammenhängt. Unser Verhalten und unsere Anschauungen spielen eine wichtige Rolle bei der Erneuerung und Pflege unseres Selbstbildes.

Unsere Entscheidungen und ihre Konsequenzen haben weitreichende Auswirkungen auf unser Selbstbild. Entscheiden wir uns, mit unseren persönlichen und christlichen Normen zu brechen, verlieren wir den Respekt vor uns selbst und untergraben unsere Selbstachtung. Der Verlust der Selbstachtung bringt häufig einen Verlust an Selbstvertrauen mit sich, also unsere Fähigkeit, das zu tun, was wir als richtig erkannt haben. Unser Selbstbild wird mit jeder Entscheidung weiter ausgehöhlt, die gegen unsere Überzeugung und unsere persönlichen Wertvorstellungen verstößt.

Heute fühlen sich die Christen nicht mehr an dieselben engen, festgelegten Grenzen gebunden, die für viele Christen vor ein paar Jahrzehnten noch galten. Dies erschwert es uns jedoch, die Grenzen zu erkennen, an die wir uns halten sollten. Als die weltlich orientierte Gesellschaft die jüdisch-christlichen Ethik- und Moralvorstellungen aufgab, machte sie sich unter anderem folgenden Grundsatz zu eigen: »Wenn du dabei ein gutes Gefühl hast, tu' es!« Menschen, die sich etwas mehr Gedanken machten, erkannten, daß die Gesellschaft allein nach diesem Grundsatz nicht überleben konnte. Daher wurde folgende Einschränkung hinzugefügt: »Solange du dabei niemandem weh tust, ist es in Ordnung!« Christen können nicht Gottes Willen erfüllen, wenn sie lediglich diese ethischen Prinzipien befolgen, die in der heutigen Gesellschaft als Richtlinien gelten.

Dennoch versuchen viele Menschen heute, ihre ethischen Entscheidungen auf diese wackelige Grundlage zu stellen, wobei sie doch nur feststellen müssen, daß dies keine zuverlässige Richtschnur ist. Sie haben vergessen, wie trügerisch das menschliche Herz ist (Jer. 17, 9).

Ein ethisches System, das auf den Gefühlen und rationalen Fähigkeiten des Individuums beruht, wäre nur dann funktionsfähig, wenn man sich darauf verlassen könnte, daß der Mensch von Natur aus liebevoll und gerecht wäre. Wäre dies der Fall, könnten wir uns auf die Gefühle und Entscheidungen dieses Menschen verlassen. Doch die Gesellschaft erbringt sich selbst den Beweis, daß man der menschlichen Natur nicht trauen kann.

Die moderne Gesellschaft hat nicht erkannt, daß in dem Augenblick, da Entscheidungen allein aufgrund subjektiver Gefühle von einer Person getroffen werden, ohne daß ein objektiver Maßstab von außen angelegt wird, es keinen Grund gibt, ethische Vorstellungen überhaupt noch zu berücksichtigen. Jeder Mensch macht seine Gesetze selbst, und es gibt keine objektive Bewertung von Entscheidungen mehr. Die Richtigkeit oder Falschheit der von einem Menschen getroffenen Entscheidung in den Augen eines anderen Menschen ist gar kein Thema mehr.

Christen hingegen wissen, daß es eine absolute Grundlage für moralische und ethische Maßstäbe gibt – das Wort Gottes. Wenn die Entscheidungen eines Menschen von dieser Grundlage abweichen, hat dies am Ende schwerwiegende Konsequenzen. Werden wir als Christen vor schwierige Entscheidungen gestellt, stehen uns mehrere absolute Grundsätze zur Verfügung, die uns helfen sollen, die für alle Beteiligten beste Entscheidung zu treffen – für die Gegenwart und die Zukunft –, ohne daß wir die Situation nur durch die Brille unserer eigenen Wünsche sehen.

Doch es ist nicht einfach, immer zu erkennen, welches die richtige Entscheidung ist. Es wäre uns vielleicht lieb, wenn jede mögliche Entscheidung in der Bibel als richtig oder falsch aufgeführt wäre. Doch in Wirklichkeit bewegen wir uns in vielen Situationen in einer Art Grauzone, in der wir Entscheidungen treffen, die sich auf unser Selbstbild auswirken. Jedesmal, wenn wir uns für ein Verhalten entscheiden, das wir eigentlich nicht respektieren können, untergraben wir unsere Selbstachtung, unser Wertgefühl und unser Selbstvertrauen.

Das Ziel des christlichen Lebens

Das Grundprinzip unseres Lebens als Christen hat Paulus in seinem Brief an die Kolosser beschrieben: »Und alles, was ihr tut mit Worten oder mit Werken, das tut alles im Namen des Herrn Jesus und dankt Gott, dem Vater, durch ihn« (Kol. 3, 17).

Viele Christen scheinen diesen Vers abgewandelt zu haben, so daß er folgendermaßen lautet: »Tut vieles im Namen des Herrn Jesus Christus.« Zumindest scheinen sie nach diesem Grundsatz zu leben. Als Christen sollten wir aber ein erklärtes Ziel haben, nämlich in *allem,* was wir in unserem Leben tun, Gott Ruhm und Ehre zu bringen. Unser ganzes Handeln sollte darauf ausgerichtet sein, Gottes Gerechtigkeit zu verkündigen, die er (wie bereits dargestellt) uns schon gegeben hat.

Hierzu müssen wir wissen, was Gott als recht und unrecht bezeichnet. Wir bedürfen des »Geistes Christi«, wenn wir die Ermahnungen der Heiligen Schrift auf die Situationen des Lebens anwenden wollen. Wir können uns nicht darauf verlassen, in unserer modernen, verweltlichten Gesellschaft göttliche Wertvorstellungen zu lernen. Diese lernen wir ja manchmal nicht einmal von unseren Eltern, es sei denn, sie sind selbst Christen. Wir können uns noch nicht einmal auf die »noch leise Stimme« des Heiligen Geistes verlassen, da wir meist lieber unseren eigenen Wünschen oder unserem »gesunden Menschenverstand« nachgeben. Ganz sicher aber hat die tägliche Erfahrung des mit dem Heiligen Geist Erfülltwerdens zur Folge, daß unsere Wünsche und unsere vom »gesunden Menschenverstand« geprägten Sichtweisen des Lebens allmählich denen unseres Herrn angeglichen werden. Die einzige Weise, sich zu vergewissern, daß dies geschieht, besteht darin, das, was der Heilige Geist uns zu sagen scheint, sowohl an Gottes geschriebenem Wort als auch an den jeweiligen Umständen zu messen.

Falsche Verhaltensweisen und Anschauungen

In verschiedenen Bibelabschnitten wird deutlich gesagt, was Sünde ist. Bestimmte Verhaltensweisen und Anschauungen werden als in jedem Fall unrecht definiert. Wir wollen als erstes eine Stelle aus dem Alten Testament betrachten, die in einer poetischen Sprache geschrieben ist:

> »Diese sechs Dinge haßt der Herr, diese sieben sind ihm ein Greuel: stolze Augen, falsche Zunge, Hände, die unschuldiges Blut vergießen, ein Herz, das arge Ränke schmiedet, Füße, die behende sind, Schaden zu tun, ein falscher Zeuge, der frech Lügen redet, und wer Hader zwischen Brüdern anrichtet« (Spr. 6, 16–19).

Die nächsten Abschnitte stehen im Neuen Testament:

> »Wenn aber Christus, euer Leben, sich offenbaren wird, dann werdet ihr auch offenbar werden mit ihm in Herrlichkeit. So tötet nun die Glieder, die auf Erden sind, Unzucht, Unreinheit, schändliche Leidenschaft, böse Begierde und die Habsucht, die Götzendienst ist. Um solcher Dinge willen kommt der Zorn Gottes über die Kinder

des Ungehorsams. In dem allen seid auch ihr einst gewandelt, als ihr noch darin lebtet. Nun aber legt alles ab von euch, Zorn, Grimm, Bosheit, Lästerung, schandbare Worte aus eurem Munde; belügt einander nicht; denn ihr habt den alten Menschen mit seinen Werken ausgezogen und den neuen angezogen, der erneuert wird zur Erkenntnis nach dem Ebenbild dessen, der ihn geschaffen hat« (Kol. 3, 4–10).

»Offenkundig sind aber die Werke des Fleisches, als da sind: Unzucht, Unreinheit, Ausschweifung, Götzendienst, Zauberei, Feindschaft, Hader, Eifersucht, Zorn, Zank, Zwietracht, Spaltungen, Neid, Saufen, Fressen und dergleichen. Davon habe ich euch vorausgesagt und sage noch einmal voraus: die solches tun, werden das Reich Gottes nicht erben« (Gal. 5, 19–21).

Es gibt noch weitere Bibelstellen, in denen bestimmte Verhaltensweisen und Einstellungen genannt sind, die ganz offenkundig in die Kategorie der unrechten Handlungen einzuordnen sind. Einige sind im 1. Korintherbrief 6, 9–10 aufgeführt und natürlich nicht zu vergessen, in den Zehn Geboten im 2. Buch Mose 20 (Vers 3 bis 17):

1. Du sollst keine anderen Götter haben neben mir.
2. Du sollst dir kein Bildnis noch irgendein Gleichnis machen, weder von dem, was oben im Himmel, noch von dem, was unten auf Erden, noch von dem, was im Wasser unter der Erde ist: Bete sie nicht an und diene ihnen nicht! Denn ich, der HERR, dein Gott, bin ein eifernder Gott, der die Missetat der Väter heimsucht bis ins dritte und vierte Glied an den Kindern derer, die mich hassen, aber Barmherzigkeit erweist an vielen Tausenden, die mich lieben und meine Gebote halten.
3. Du sollst den Namen des HERRN, deines Gottes, nicht mißbrauchen; denn der HERR wird den nicht ungestraft lassen, der seinen Namen mißbraucht.
4. Gedenke des Sabbattages, daß du ihn heiligest...
5. Du sollst deinen Vater und deine Mutter ehren, auf daß du lange lebest in dem Lande, das dir der HERR, dein Gott, geben wird.
6. Du sollst nicht töten.
7. Du sollst nicht ehebrechen.
8. Du sollst nicht stehlen.
9. Du sollst nicht falsch Zeugnis reden wider deinen Nächsten.
10. Du sollst nicht begehren deines Nächsten Haus. Du sollst nicht begehren deines Nächsten Weib... noch alles, was dein Nächster hat.

Richtige Verhaltensweisen und Anschauungen

Hingegen sind andere Verhaltensweisen und Anschauungen ganz klar als richtig und gut definiert. Um ein paar Beispiele zu nennen:

1. Wir sollen unseren Glauben mit anderen teilen (Matth. 28, 19–20).
2. Wir sollen miteinander freundlich und herzlich sein und einer dem anderen vergeben (Eph. 4, 32).
3. Wir sollen dankbar sein in allen Dingen (1. Thess. 5, 18).
4. Wir sollen darüber nachdenken, was ehrbar und gut ist (Phil. 4, 8).
5. Wir sollen Liebe, Freude, Friede, Geduld, Freundlichkeit, Güte, Treue, Sanftmut und Keuschheit zeigen – die Frucht des Geistes (Gal. 5, 22–23).

Vielleicht ist es so richtig, vielleicht auch nicht

Zwischen den ausdrücklich genannten richtigen und falschen Verhaltensweisen liegen eine ganze Reihe von Verhaltensweisen, die nicht explizit verboten oder gutgeheißen werden. Manchmal sind diese angebracht und manchmal nicht. Es geht dabei nicht darum, ob sie »leicht« sündhaft oder gerade noch zu billigen sind, was je nach Betrachtungsweise keinen großen Unterschied macht. Wenn wir nämlich die generellen Prinzipien der Bibel anwenden, die uns das ganze Leben lang begleiten sollen, können wir in Abhängigkeit von den äußeren Begleitumständen die umstrittene oder neutrale Verhaltensweise, Einstellung oder Reaktion jeweils eindeutig als richtig oder falsch zuordnen.

Beim aufmerksamen Lesen von 1. Korinther 8 bis 10 und Römer 12 bis 15 finden wir dort vier Prinzipien, die uns helfen sollen, Entscheidungen in einem umstrittenen oder neutralen Bereich zu treffen und dabei Gott zu ehren und den Respekt vor uns selbst zu wahren. Die Bezeichnungen für diese vier Prinzipien sind aus einem Buch, das von Bruce Narramore und Bill Counts geschrieben wurde, entnommen.[1]

Das Prinzip der Freiheit

Ein erstes allgemeines Prinzip ist das Prinzip der Freiheit. Paulus hat dies in zwei Versen ganz klar beschrieben: »Alles, was auf dem Fleischmarkt verkauft wird, das eßt« (in der damaligen Zeit wurde dort Fleisch verkauft, das als Opferfleisch den Götzen dargebracht worden war) »und forscht nicht nach, damit ihr das Gewissen nicht beschwert. Denn ›die Erde ist des Herrn und was darinnen ist‹« (1. Kor. 10, 25–26) und »Ich weiß und bin gewiß in dem Herrn Jesus, daß nichts unrein ist an sich selbst; nur für den, der es für unrein hält, ist es unrein« (Röm. 14, 14).

Die Betonung liegt in diesen Versen auf der Freiheit, aber es ist die Freiheit zu wählen: »Alles ist mir erlaubt, aber es soll mich nichts gefangennehmen« (1. Kor. 6, 12b). Vor diesem Hintergrund müssen wir uns die Frage stellen: Laufe ich Gefahr, mich zum Sklaven dieses Verhaltens oder dieser Anschauung zu machen? Manche Aktivitäten führen vielleicht nicht gerade zu körperlichen Abhängigkeiten, aber sie können eine emotionale Abhängigkeit bewirken. Manche unter uns sind vielleicht Sklaven ihrer Hobbys und Lieblingsbeschäftigungen geworden, die sie daran hindern, in ihrem Leben in anderen Bereichen zu wachsen. Einige sind gar Sklaven ihrer Tagträume und Phantasien.

Das Prinzip der Zweckmäßigkeit oder Dienlichkeit

Ein zweites Prinzip ist von dem eben zitierten Bibelvers abgeleitet: Alles ist mir erlaubt, aber es soll mich nichts gefangennehmen.« Uns ist zwar erlaubt, uns in einem weiten Feld von Aktivitäten zu engagieren, doch wenn wir feststellen, daß sie uns nicht dienlich sind, sollten wir uns von diesen Aktivitäten zurückhalten. Wir sollten uns fragen: Ist dieses Verhalten nützlich oder gewinnbringend? Bringt es mich meinem Ziel näher, Christus ähnlich zu werden? Macht es mich zu einem besseren Menschen?

Dies bedeutet natürlich nicht, daß wir uns nicht entspannen, freuen oder vergnügen dürfen. Es gibt viele nützliche und gewinnbringende Aktivitäten neben dem Bibelstudium, dem Gebet, der Verkündigung und christlichen Versammlungen. Manche Christen haben ein schlechtes Gewissen, wenn sie nicht ständig etwas tun, was sie als »geistlich« ansehen. Sie neigen dazu, auf andere herabzusehen, die nicht dieselbe Einstellung vertreten.

Einer der Vorteile eines gesunden Selbstbildes ist die Fähigkeit, auch einmal »abzuschalten« und sich zu vergnügen und doch dabei ein ausgeglichenes Leben zu führen. Gott hat nichts dagegen, wenn wir auch Freude am Leben haben. Im Gegenteil, dies ist ja auch förderlich für unser körperliches, emotionales und geistliches Wohlbefinden.

Das Prinzip der Liebe und der Rücksichtnahme

Ein drittes Prinzip wird auch von Paulus genannt:

> »Wenn aber jemand zu euch sagen würde: Das ist Opferfleisch, so eßt nicht davon, um dessentwillen, der es euch gesagt hat, und damit ihr das Gewissen nicht beschwert. Ich rede aber nicht von deinem eigenen Gewissen, sondern von dem des andern. Denn warum sollte ich das Gewissen eines anderen über meine Freiheit

urteilen lassen? Wenn ich's mit Danksagung genieße. Was soll ich mich dann wegen etwas verlästern lassen, wofür ich danke? Ob ihr nun eßt oder trinkt oder was ihr auch tut, das tut alles zu Gottes Ehre. Erregt keinen Anstoß, weder bei den Juden noch bei den Griechen noch in der Gemeinde Gottes, so wie auch ich jedermann in allem zu Gefallen lebe und suche nicht, was mir, sondern was vielen dient, damit sie gerettet werden. Folgt meinem Beispiel, wie ich dem Beispiel Christi« (1. Kor. 10, 28–11, 1).

Bei diesem Prinzip der Liebe und Rücksichtnahme gegenüber anderen geht es um die Wirkung, die unser Verhalten auf andere hat. Paulus hat dieses Prinzip schon an früherer Stelle in seiner Abhandlung eingeführt: »Alles ist erlaubt, aber alles baut nicht auf« (1. Kor. 10, 23b).

Wir fragen uns deshalb: Ist dieses Verhalten positiv oder erbaulich für andere? Ist dieses Verhalten für andere in ihrem Leben als Christen förderlich oder hinderlich? Bringt es Nichtchristen näher zu Christus oder stößt es sie ab?

Auch hier wieder muß darauf hingewiesen werden, daß Paulus damit nicht sagen will, daß wir uns nur Aktivitäten widmen sollen, die geistlicher oder theologischer Art sind. Bei unserem Studium der Bibel stellen wir fest, daß die Ausgewogenheit der Schlüssel zu einem gesunden Selbstbild ist. Geht ein Mensch zu lange in die gleiche Richtung – mag sie noch so gut sein –, so kann dies zu einer Unausgewogenheit in seinem christlichen Leben führen.

Bei unserem Bemühen, dieses Prinzip und die oben zitierten Verse anzuwenden, sind wir Christen zwei Gefahren ausgesetzt: Die erste Gefahr liegt darin, daß wir uns zu sehr von der Meinung anderer beeinflussen lassen. Paulus weist uns darauf hin, daß wir hier einen Unterschied machen müssen: »nicht, als wollten wir den Menschen gefallen, sondern Gott, der unsere Herzen prüft« (1. Thess. 2, 4). Was Gott gefällt, muß nicht unbedingt den anderen Menschen gefallen. Die zweite Gefahr besteht darin, eine Faustregel da aufzustellen, wo die Bibel diese überhaupt nicht vorsieht. Es ist gewiß viel einfacher, nach einer festen Regel zu handeln, die in einem größeren Bereich alle Möglichkeiten abdeckt, als viel Zeit und Mühe aufzuwenden, um verschiedene Entscheidungsmöglichkeiten zu durchdenken, wenn Probleme auftreten.

Daß der zweite Gedanke jedoch ein Trugschluß ist, wird deutlich, wenn wir ihn auf Alltagsfragen wie Kleidung, Essen und Trinken anwenden. Da wir wissen, daß wir fast immer bei mindestens einem Menschen irgendwo Anstoß erregen, egal, was wir anziehen, essen oder trinken, wäre es dennoch töricht zu sagen: »Um ganz sicherzugehen, werde ich niemals etwas anziehen, essen oder trinken.«

Der Versuch, eine solche Regel in Bereichen anzuwenden, in denen Entscheidungen schwieriger zu treffen sind, ist der Anfang der Gesetzlichkeit (hierbei machen wir die Annahme unserer Person durch andere Menschen oder Gott von unserer eigenen Leistung abhängig). Was Paulus mit seinem Rat im 1. Korintherbrief 10, 28–33 wirklich meint, ist: Wenn ihr wißt, daß ihr mit eurem Handeln bei den Menschen in eurer Umgebung Anstoß erregt, dann tut es nicht; wenn dies aber nicht der Fall ist, ist es in Ordnung.

Einige unreife Menschen bestehen darauf, ihre Freiheit ohne Rücksicht auf ihre Mitmenschen auszukosten. Dieses Verhalten ist aber nicht Freiheit in Christus, sondern ganz einfach Egoismus, ein Verstoß gegen das Prinzip der Liebe und Rücksichtnahme. Dann wiederum gibt es Christen, die versuchen, christliche Universalregeln aufzustellen, die nicht so sehr auf der Bibel basieren, als vielmehr auf Mutmaßungen über die Bibel und ihre eigenen gesellschaftlichen Konventionen.

Eine solche Situation gab es zum Beispiel, als sich in den sechziger Jahren viele junge Männer lange Haare und Bärte wachsen ließen. Wer diese Zeit miterlebt hat, erinnert sich sicherlich daran, wie dieses Verhalten von vielen Elternorganisationen und kirchlichen Instanzen als unrecht und unbiblisch verurteilt wurde. Gleichzeitig hingen an den Wänden der Häuser und Kirchen derselben Personen Bilder von Jesus mit langem Haar und Bart.

Hier haben wir ein interessantes Beispiel für ein Verhalten, das an sich weder unbiblisch noch schädlich ist. Für viele junge Männer waren die langen Haare und Bärte allerdings ein Zeichen ihrer Auflehnung oder Resignation nicht nur gegenüber der Obrigkeit, sondern gegenüber der Welt im allgemeinen. Was diese jungen Leute brauchten, war nicht ein Haarschnitt, sondern Hilfe, mit sich selbst und der Welt ins reine zu kommen. Andere junge Männer trugen ihr Haar einfach nur deshalb lang, weil dies unter den Gleichaltrigen Mode war.

Kluge Erwachsene versuchten nun, die Unterschiede zwischen diesen beiden Beweggründen auszuloten und dann die unterschiedlichen Anschauungen und Einstellungen über die Bedeutung des Verhaltens zu diskutieren. In diesem Fall mußten die Prinzipien der Freiheit, Zweckmäßigkeit oder Dienlichkeit und der Unterjochung (unter die Anschauungen der sie umgebenden Gegenkultur) in jedem einzelnen Fall erwogen werden.

Der Versuch, eine absolute Regel über eine Verhaltensweise aufzustellen, die nicht als Absolutheit in der Heiligen Schrift genannt ist, stellt einen Verstoß gegen die biblischen Prinzipien dar. Wir müssen uns davor hüten, unsere gesellschaftlichen Konventionen und Normen mit der biblischen Offenbarung zu verwechseln.

Das Prinzip des Glaubens

Ein viertes Prinzip, das es beim Treffen von Entscheidungen zu beachten gilt, ist das Prinzip des Glaubens. »Wer aber dabei zweifelt und dennoch ißt, der ist gerichtet, denn es kommt nicht aus dem Glauben. Was aber nicht aus dem Glauben kommt, das ist Sünde« (Röm. 14, 23).

Wir müssen vor Gott davon überzeugt sein, daß unser Handeln richtig ist. Viele unter uns hat man gelehrt, daß ganz bestimmte Dinge unrecht seien – mit dem Ergebnis, daß wir uns schuldig fühlen und uns Selbstvorwürfe machen, wenn wir sie tatsächlich tun. Paulus sagt, daß diese Dinge für uns Sünde sind, auch wenn sie nicht explizit in der Bibel als sündhaft definiert sind. Wir behindern unseren Weg mit dem Herrn, wenn wir uns auf Handlungen einlassen, die Selbstvorwürfe zur Folge haben.

Hier ist Reife und biblisches Verständnis gefragt. Es geht um den Kern des Erziehungs- und geistlichen Erziehungsprozesses. Wenn wir während unseres geistlichen Wachstums von ganzem Herzen Gottes wahre Maßstäbe annehmen und sie an die Stelle der Maßstäbe unserer Kindheit setzen (von denen wir vielleicht angenommen hatten oder von denen man uns gesagt hatte, daß sie Gottes Maßstäbe seien), können wir vielleicht später einmal diese Dinge tun, ohne zu sündigen. In solchen Fällen dürfen wir natürlich niemals die anderen, oben besprochenen Prinzipien aus dem Auge verlieren. Andererseits erkennen wir vielleicht mit wachsender Reife, daß manches, was wir früher für harmlos hielten, in Wirklichkeit doch nicht so nutzbringend oder so erbaulich ist wie das, was wir in unser jetziges Leben aufnehmen möchten.

Checkliste als Entscheidungshilfe

Die praktische Anwendbarkeit dieser Prinzipien läßt sich wie folgt zusammenfassen:

1. Seien Sie selbst davon überzeugt, daß ein bestimmtes Handeln für Sie richtig ist und daß Sie dies im Glauben verantworten können.
2. Achten Sie darauf, mit wem Sie zusammen sind, und bringen Sie niemand durch Ihr Verhalten unnötig in Verlegenheit. Bestehen Sie nicht darauf, Ihren eigenen Willen ohne Rücksicht auf Ihre Mitmenschen durchzusetzen.
3. Lassen Sie sich auf nichts ein, was in der Bibel verboten ist. Sollte Ihnen dies doch einmal geschehen, denken Sie daran, daß Gott Verständnis für Sie hat und geduldig ist, wenn es Ihnen an

Vollkommenheit mangelt. Der Apostel Johannes hat gesagt: »Und wenn jemand sündigt, so haben wir einen Fürsprecher bei dem Vater, Jesus Christus, der gerecht ist« (1. Joh. 2, 1). Bekennen Sie Gott, daß Sie einen Fehler gemacht haben, und nehmen Sie sein ständiges Angebot der Vergebung an. Dies wird in 1. Johannes 1, 9 hervorgehoben: »Wenn wir aber unsre Sünden bekennen, so ist er treu und gerecht, daß er uns die Sünden vergibt und reinigt uns von aller Ungerechtigkeit.«

4. Geben Sie alles auf, was nach Ihrem Wissen für Sie und Ihr Wachstum in Christus keinen Wert hat. Beteiligen Sie sich nicht an Dingen, die zu einer Sucht oder einer destruktiven Gewohnheit werden könnten.

Menschen mit gesundem Selbstbild verhalten sich gelassen. Sie kennen ihre eigenen Grenzen und fürchten sich nicht vor den Entscheidungen, die sie täglich zu treffen haben.

Denken Sie daran, daß Sie die Freiheit haben, das Original zu sein, als das Sie von Gott geschaffen wurden.

Freuen Sie sich über Ihre Freiheit und nehmen Sie sie als Chance wahr, zu wachsen, Christus ähnlich zu werden und immer mehr dem Bild Gottes zu entsprechen.

Baustein vierzehn

Wir sind nach dem Bilde Gottes geschaffen. Im 1. Buch Mose 1, 26–27 steht geschrieben: »Und Gott sprach: Lasset uns Menschen machen, ein Bild, das uns gleich sei... Und Gott schuf den Menschen zu seinem Bilde, zum Bilde Gottes schuf er ihn; und schuf sie als Mann und Weib.«

Diesen Bibelversen zufolge sind wir zum ＿＿＿＿ Gottes geschaffen.

Schreiben Sie fünf Punkte auf, in denen Sie das Bild Gottes in sich und in anderen Menschen verwirklicht sehen:

＿＿＿＿＿＿＿＿＿＿＿＿＿＿＿＿＿＿＿＿＿＿

＿＿＿＿＿＿＿＿＿＿＿＿＿＿＿＿＿＿＿＿＿＿

＿＿＿＿＿＿＿＿＿＿＿＿＿＿＿＿＿＿＿＿＿＿

＿＿＿＿＿＿＿＿＿＿＿＿＿＿＿＿＿＿＿＿＿＿

＿＿＿＿＿＿＿＿＿＿＿＿＿＿＿＿＿＿＿＿＿＿

In 1. Mose 1, 31 heißt es: »Und Gott sah an alles, was er gemacht hatte, und siehe, es war sehr gut.« Wenn Gott Sie nun geschaffen hat, bedeutet dies, daß Sie gut sind?

Zum Bilde Gottes geschaffen zu sein bedeutet, ein Abbild oder Abdruck Gottes zu sein. So wie ein Fußabdruck auf einer lehmigen Straße der Abdruck des Schuhs eines Menschen ist, genauso sind Sie ein Abdruck Gottes. Einen Schuh kann man wieder in seinen Abdruck zurückstellen; Gott kann in Ihnen, seinem Abdruck, wohnen. Sie sind nach dem Bilde Gottes geschaffen worden, damit er in Ihnen wohnen kann. Sie sind der »Tempel« oder die Wohnung Gottes (1. Kor. 6, 19–20), und er wohnt in Ihnen, seiner Schöpfung, nach seinem Bilde geschaffen und ihm gleich.

15

Selbstbild und Sinn des Lebens

Wußten Sie schon, daß Sie ein Geschenk für die Welt sind? Wenn dies nicht so wäre, dann hätte Gott keinen Grund gehabt, Sie am ewigen Leben teilhaben zu lassen, als Sie Christus als Ihren Erlöser und Herrn angenommen haben. Jeder von uns ist eine Gabe für die Menschheit, und Gaben sind dazu da, gebraucht zu werden. Als Gottes Gabe für die Welt will er Sie dazu gebrauchen, seiner Welt die gute Nachricht von Christus zu vermitteln.

Ihr Leben hat also einen Sinn, und dies trägt wesentlich zur Entwicklung eines gesunden Selbstbildes bei. Was ist der Sinn Ihres Lebens? Ich glaube, das kann man ganz genau sagen.

Ein Mann, dessen Aufgabe es war, Führungskräfte für andere Firmen abzuwerben, erzählte mir einmal: »Wenn ich an einen Mann gerate, den ich für eine andere Firma anwerben will, versuche ich erst einmal, ihn zu entwaffnen. Ich biete ihm etwas zu trinken an, ziehe den Mantel aus, dann das Jackett, löse meine Krawatte, lege die Füße hoch und rede über Baseball, Fußball, die Familie und vieles mehr, bis er ganz entspannt ist. Wenn ich dann den Eindruck habe, daß dies der Fall ist, beuge ich mich zu ihm hinüber, schaue ihm in die Augen und frage ihn: ›Was ist der Sinn Ihres Lebens?‹ Es ist erstaunlich, wie selbst Topmanager bei dieser Frage umfallen.

Nun, ich war also neulich dabei, ein Gespräch mit einem Mann zu führen; ich hatte ihn schon völlig entwaffnet und unterhielt mich mit ihm über Fußball. Dann beugte ich mich zu ihm vor und fragte: ›Was ist der Sinn Ihres Lebens, Bob?‹ Und er antwortete, ohne mit der Wimper zu zucken: ›In den Himmel zu kommen und so viele Menschen mitzunehmen wie möglich.‹ Zum ersten Mal in meiner beruflichen Laufbahn war ich sprachlos.«

Die anderen sollen es auch erfahren

Ein Ergebnis, das man nach der Entwicklung eines gesunden Selbstbildes als Christ erwarten kann, ist der Wunsch, an Gottes Heilsplan teilzuhaben. Wenn wir die Menschheit mit Gottes Augen betrachten und begreifen, daß er jeden Menschen nach seinem Bilde geschaffen hat und Jesus für jeden einzelnen gestorben ist, wächst unser Verlangen, Gottes Liebe mit den Menschen zu teilen, »für die Christus gestorben ist« (Röm. 14, 15).

Vielleicht haben Sie nicht das Gefühl, viele oder überhaupt einen Menschen auf den Weg zu Christus gebracht zu haben, indem Sie ihnen/ihm direkt von Christus erzählt haben. Es kann aber sein, daß mehr Menschen aufgrund Ihres Lebensstils auf dem Weg zu Christus sind, als Ihnen bewußt ist.

Ihr Lebensstil sollte auf ein anderes Ziel ausgerichtet sein als das normale Leben Ihrer Mitmenschen. Wenn Sie als Christ an sich selbst glauben, geschieht dies auch, ob Sie sich darüber im klaren sind oder nicht. Aber, wie schon an anderer Stelle gesagt, muß diese Art *Lebenszeugnis* von einem *sprechenden Zeugnis* begleitet sein. Wenn das eine oder andere dieser Zeugnisse in Ihrem Leben bisher keine dominierende Rolle gespielt hat, wird ein verbessertes Selbstbild hier gewiß eine Änderung bewirken.

Zeugnis und Selbstachtung

Auch wenn wir nicht über ein gesundes Selbstbild verfügen, haben wir doch während unseres christlichen Lernprozesses erkannt, daß wir Christus mit anderen teilen sollen. Für Menschen ohne gesundes Selbstbild hat dieser Imperativ nur Schuldgefühle gebracht, wenn Jahre vergingen, ohne daß auch nur irgend jemand durch sie zu Christus gekommen war. Dies hat sogar das negative Bild, das sie von sich selbst hatten, noch verstärkt.

Viele Menschen glauben, ihr Leben sei nicht gut genug, als daß sie verbal für Jesus Zeugnis geben könnten. Einige fürchten, daß sie möglicherweise negative Reaktionen auslösen, wenn sie versuchen, von Jesus zu erzählen. Andere wiederum meinen, sie würden bei dem Versuch, das Evangelium zu verkündigen, versagen und ihre Zuhörer nur verwirren. Manche Menschen haben Angst vor allen drei Möglichkeiten.

Wir wollen diese Ängste etwas genauer betrachten und untersuchen, ob sie nicht in unser Bild der drei Säulen einzuordnen sind, mit dem wir uns bisher beschäftigt haben. Wenn wir erkennen, daß wir einen Platz haben und geliebt werden, daß wir wertvoll sind und uns durch den Heiligen Geist Fähigkeiten verliehen worden sind, verlieren diese Ausreden ihre Überzeugungskraft.

Je mehr wir uns mit Gottes Augen sehen können – von Gott angenommen, geliebt, von unseren Sünden erlöst, nach seinem Bilde geschaffen –, um so mehr erkennen wir die Notwendigkeit, allen Menschen wissen zu lassen, daß Gott sie liebt. Sie müssen erfahren, daß er »den, der von keiner Sünde wußte, für uns zur Sünde gemacht (hat), damit wir in ihm die Gerechtigkeit würden, die vor Gott gilt« (2. Kor. 5, 21).

Wenn wir anderen von unserem Glauben erzählen und Gott alles Weitere überlassen, gedeiht unser Selbstbild noch besser.

Ein Freund, der als christlicher Seelsorger tätig ist, berichtete mir von einem Erlebnis, das er kürzlich gehabt hatte. Nachdem Jürgen, ein junger Zahnarzt, das Büro meines Freundes verlassen hatte, fühlte dieser eine Freude, die er einfach jemandem mitteilen mußte. Er berichtete den Büroangestellten, daß Jürgen gerade mit ihm gebetet und sein Leben Christus übergeben habe. Durch das Zeugnis meines Freundes hatte dieser junge Zahnarzt, der sehr deprimiert gewesen war, als er zum ersten Mal in die Beratung kam, den Tod Jesu am Kreuz als Bezahlung für seine Sünden angenommen. Aus dieser Erfahrung ging das Selbstwertgefühl meines Freundes neu gestärkt hervor, weil er an Gottes Ziel, »zu suchen und selig zu machen, was verloren ist« (Luk. 19, 10) teilhaben konnte.

Das Mitteilen unseres Glaubens gehört zur Verbesserung unseres Selbstbildes dazu, und die Verbesserung unseres Selbstbildes ergibt sich, wenn wir unseren Wunsch, unser Streben und unsere Fähigkeit, unseren Glauben anderen mitzuteilen, entdecken.

Die Verkündigung des Evangeliums ist auch ein Grund für unser irdisches Dasein. Ein aktives Glied am Leibe Christi zu sein, sich selbst, die eigenen Begabungen und das eigene Einkommen einzubringen, damit der Leib Christi in seiner Gesamtheit einen besseren Zeugen gegenüber der Welt abgibt, all dies sind wichtige Bestandteile, die unserem Leben einen Sinn geben, auch wenn wir selbst nicht klar erkennen können, in welcher Weise wir als Glied des Ganzen eine Rolle spielen.

Als mein Freund den Angestellten im Büro berichtete, wie Jürgen Christus empfangen hatte, haben sich alle mit ihm gefreut. Sie wußten, daß sie irgendwie auch daran teilhatten, als Jürgen in Christus neues Leben gefunden hatte.

Ein Mensch, der sich einem Ideal verschrieben hat, stellt eine bedeutende Kraft in der Gesellschaft dar. Eine solche Bindung an ein Ideal gibt dem einzelnen ein persönliches Wertgefühl, ein Bewußtsein, daß sein Leben eine Spur in der Ewigkeit hinterläßt. Die Freude der Verkündigung des Evangeliums ist ein äußerst wirksames Heilmittel gegen Gefühle der Bedeutungslosigkeit oder Wertlosigkeit. Menschen, die ihren Glauben an Christus mit anderen teilen, können lebenswichtige und dauerhafte Bedeutung finden, weil sie wissen, daß ihr Leben in der entscheidendsten Frage der Menschheit zählt.

Der dicke Albert

An dieser Stelle möchte ich Doug Vinsons Geschichte vom »dicken Albert« zitieren:

> »Kommen und schauen Sie sich den ›dicken Albert‹ an, den dicksten Mann der Welt«, ertönte es aus dem Lautsprecher. »Er existiert wirklich, er lebt und wiegt 870 Pfund!«
>
> Ich erklomm die ausgetretenen Stufen zur Plattform, in der Erwartung, doch nur eine ausgestopfte Puppe oder etwas ähnlich Enttäuschendes vorzufinden. Um so größer war mein Erstaunen, als ich hinter die Trennwand spähte und einen Mann von unglaublicher Leibesfülle auf einem kleinen Stuhl sitzen sah...
>
> Der dicke Albert erzählte, daß er in einer Kleinstadt im Staate Mississippi geboren sei. Aufgrund eines Erbfehlers hatte er so stark zugenommen, daß er zu seinem abnormen Gewicht gekommen war.
>
> Ich trat einen Schritt zur Seite, als noch mehr Menschen hereintraten... Er beantwortete geduldig ihre Fragen und hatte eine schlagfertige, humorvolle Antwort auf die höhnischen Bemerkungen eines Spötters.
>
> Ich wollte schon gehen, als einer der Teenager in der Gruppe ihn fragte, was für ein Gefühl es sei, der dickste Mann der Welt zu sein.
>
> »Nun, wir sind doch alle nach Gottes Bild geschaffen, nicht wahr?« antwortete Albert. »Und wir sind alle unterschiedlich in Form und Größe. Gott hat einen Grund gehabt, mich so zu erschaffen, wie ich bin, und er hat einen Grund gehabt, dich so zu erschaffen, wie du bist. Die Bibel sagt, daß der Körper stirbt und der Geist weiterlebt, deshalb ist es wichtiger, wie wir leben, als wie wir aussehen.«
>
> Noch mehr Leute kamen herein, und er schilderte ihnen, wie er im Alter von sechzehn Jahren Christ geworden war. Er beschrieb dann mit warmen Worten Gottes Heilsplan. Manche seiner Zuhörer standen mit ausdruckslosem Gesicht da, aber die meisten hörten höflich zu.
>
> Als ich einen Schritt nähertrat, fiel mein Blick auf einen Aufkleber, der hinter ihm an der Wand klebte: »Das Leben ist ein Geschenk Gottes – Kampf der Abtreibung.«

Jeder Mensch ist einzigartig

Es gibt keinen anderen Menschen auf der Welt, der genauso ist wie Sie. Vielleicht denken Sie jetzt, daß manche Menschen sagen würden: »Gott sei Dank!« Und das ist in Ordnung – denn Sie können das auch sagen! Wir können Gott danken, daß unter den ca. sechs Milliarden Menschen, die heute auf der Erde leben, keiner genauso ist wie wir. Unser Gebet kann lauten: Gott, ich möchte in meiner ganzen Einzigartigkeit der sein, zu dem du mich schufst. Ich möchte nicht so sein wie jemand anderes. Ich möchte einfach ich sein in jeder Hinsicht, wie du mich geschaffen hast, nicht um mich selbst zu verherrlichen, sondern um dich zu verherrlichen.

Nach einem Vortrag, den ich über die Vergebung im Zusammenhang mit einem gesunden Selbstbild gehalten hatte, schrieb ein Student, Byron Michow, den folgenden Text und gab ihm den Titel »Ich«. Dieser beschreibt sehr schön den lebenslangen Kampf, den viele führen, weil sie wie andere sein wollen:

>Mein Leben lang habe ich versucht,
anderen zu gefallen.
Mein Leben lang habe ich
anderen etwas vorgemacht.
Damit ist jetzt Schluß.
Denn wenn ich meine Zeit damit verbringe,
zu versuchen, jemand anderes zu sein,
Wer verbringt dann seine Zeit damit,
ich zu sein?«

Wenn es doch niemanden gibt, der uns gleich ist, warum wollen wir dann so sein wie jemand anders? Ich bete für Sie, daß Sie nicht diesen Wunsch haben, sondern der *einzigartige Mensch* sein wollen, als den Gott Sie geschaffen hat.

Sie sind der beste *»Sie«*, den es jemals geben wird. Seit Beginn der Schöpfung und bis ans Ende aller Zeiten wird es niemand geben, der so ist wie Sie. Wenn wir »wir selbst« sind, brauchen wir mit niemandem zu konkurrieren.

Unsere Einzigartigkeit ist kein Grund, stolz zu sein, sondern ein Grund, Gott zu preisen. »Ich danke dir dafür, daß ich wunderbar gemacht bin; wunderbar sind deine Werke... (Ps. 139, 14).

In seinem Buch zum Thema Selbstachtung stellt der christliche Psychologe Bruce Narramore einen Zusammenhang zwischen unserer Einzigartigkeit, unserer Selbstachtung und dem Dienst her:

>Genau wie Gott verschiedene Menschen mit unterschiedlichen Gaben in der Bibel als Werkzeuge benutzt hat, so benutzt er heute jeden von uns in einer besonderen Weise. Wir alle sind mit einer einzigartigen Persönlichkeit und mit Begabungen geschaffen worden. Wir müssen erkennen, daß unsere Einzigartigkeit vor Gott eine Quelle der Selbstachtung ist. Jeder von uns ist erwählt worden, einen Aspekt seines Dienstes zu erfüllen, und deshalb brauchen wir uns nicht mit anderen in unserer Umgebung zu messen, um unseren Wert unter Beweis zu stellen.«[1]

Gutes tun

Ein Teil dessen, was den Sinn und Zweck unseres Daseins auf der Welt ausmacht, ist, anderen Gutes zu tun. In der Bibel werden wir immer wieder ermahnt, anderen (unserem »Nächsten«) zum Guten und zur Erbauung zu gefallen (Röm. 15, 2), »...Gutes zu tun an jedermann, allermeist aber an des Glaubens Genossen« (Gal. 6, 10), »es (uns) niemals verdrießen (zu lassen), Gutes zu tun« (2. Thess. 3, 13) und »Gutes (zu) tun und nicht müde (zu) werden« (Gal. 6, 9).

Wenn wir durch unser Handeln anderen Gutes tun, was unserem wahren Wesen in Christus entspricht, bewirkt dies eine Verstärkung positiver Gefühle und Einstellungen gegenüber unserer eigenen Person.

Fragen Sie sich einmal: »Wann habe ich mich zum letztenmal besonders gut gefühlt?« War das, als Sie einem anderen Menschen etwas Gutes getan hatten? Wenn dies der Fall war, dann entsprach Ihr Handeln Gottes Plan. Sie erfuhren die Wahrheit des biblischen Prinzips: Wir wurden erschaffen, damit wir einander Gutes tun. Hierzu im Widerspruch steht der Sündenfall der Menschheit.

Unser Bestes geben

Ein weiterer Faktor, der einen Einfluß auf unser Selbstbild hat, ist die Frage, ob wir in Situationen, die für Gott, unsere Mitmenschen und uns selbst von Bedeutung sind, unser Bestes geben. Paulus ermahnte die Galater: »Ein jeder aber prüfe sein eigenes Werk; und dann wird er seinen Ruhm bei sich selbst haben und nicht gegenüber einem andern« (Gal. 6, 4).

Der Wunsch, sein Bestes zu geben, ist nicht dasselbe wie das Bestreben, in etwas der Beste zu sein. Der Beste sein zu wollen kann durch den Wunsch motiviert sein, von anderen akzeptiert zu werden (oder auch durch den Wunsch, sich selbst zu akzeptieren). Der Beste sein zu wollen bedeutet, daß wir uns mit anderen messen müssen. In diesem Fall muß entweder ich oder der andere – je nachdem, wer der Bessere ist – in irgendeiner Weise unterliegen, damit die Bedeutung der Person, die bei einer bestimmten Leistung am besten abgeschnitten hat, stärker zum Ausdruck kommt.

Geben wir unser Bestes, dann können wir uns selbst leiden. Damit meine ich nicht, daß wir unser Bestes tun sollen, um anderen zu gefallen, sondern daß wir unser Bestes geben sollen, um die Person zu sein, als die Gott uns in seiner Herrlichkeit geschaffen hat. Wenn wir unser Bestes geben, mit den Gaben, Talenten und Fähigkeiten, die Gott uns gegeben hat, in der Kraft des Heiligen Geistes, brauchen wir uns gar nicht darum zu kümmern, wenn Hunderte von Menschen besser sind als wir. Wir können immer noch in den Spiegel schauen und sagen: »Ich mag mich, und Gott mag mich auch.«

Danke, Gott, daß du mich geschaffen hast

Der Psalmist David verfügte über ein gesundes Selbstbild. Den folgenden Lobpsalm hat er über die Allgegenwärtigkeit (unbegrenzte Gegenwart), das Allwissen und die Souveränität (Oberherrschaft) Gottes in allen Bereichen des Lebens geschrieben:

»HERR, du erforschest mich und kennest mich.
Ich sitze oder stehe auf, so weißt du es;
du verstehst meine Gedanken von ferne.
Ich gehe oder liege, so bist du um mich und
siehst alle meine Wege.
Denn siehe, es ist kein Wort auf meiner Zunge,
das du, HERR, nicht schon wüßtest.
Von allen Seiten umgibst du mich und
hältst deine Hand über mir.
Diese Erkenntnis ist mir zu wunderbar und zu hoch,
ich kann sie nicht begreifen.

Wohin soll ich gehen vor deinem Geist,
und wohin soll ich fliehen vor deinem Angesicht?
Führe ich gen Himmel, so bist du da;
bettete ich mich bei den Toten,
siehe, so bist du auch da.
Nähme ich Flügel der Morgenröte
und bliebe am äußersten Meer,
so würde auch dort deine Hand mich führen
und deine Rechte mich halten...

Denn du hast meine Nieren bereitet
und hast mich gebildet im Mutterleibe.
Ich danke dir dafür, daß ich wunderbar gemacht bin;
wunderbar sind deine Werke;
das erkennt meine Seele.
Es war dir mein Gebein nicht verborgen,
als ich im Verborgenen gemacht wurde,
als ich gebildet wurde unten in der Erde.
Deine Augen sahen mich, als ich noch nicht bereitet war,
und alle Tage waren in dein Buch geschrieben,
die noch werden sollten und von denen keiner da war.
Aber wie schwer sind für mich, Gott, deine Gedanken!« (Ps. 139, 1–10, 13–17).

Wie oft haben wir uns selbst oder einen anderen Christen schon klagen hören: »Mutter Natur muß etwas falsch gemacht haben, als sie meine Nase (oder mein Haar, meinen Körper oder meinen Verstand) gemacht hat.« Ist Ihnen aufgefallen, wie David Gott dafür gepriesen hat, wie er ihn gemacht hat: »Ich danke dir dafür, daß ich wunderbar gemacht bin.« Als Christen sollten wir jeden Tag eine solche Haltung zum Ausdruck bringen.

Wie bitte? Rosen für mich?

Ein gesundes Selbstbild wird auch noch auf andere Weisen sichtbar. Als ich einmal in Atlanta (USA) ein Flugzeug bestieg, sah ich etwas, das ich noch niemals zuvor gesehen hatte. Um zu meinem Sitzplatz in der zweiten Klasse zu gelangen, mußte ich den Bereich der ersten Klasse durchqueren. Dort stand eine Stewardeß, die die Fluggäste mit den Worten begrüßte: »Willkommen an Bord. Danke, daß Sie mit uns fliegen«, und ein Dutzend Rosen in der Hand hielt. Nun bin ich schon sehr oft geflogen, aber ich hatte noch niemals eine Stewardeß mit einem Arm voller Rosen gesehen.

Ich sprach sie an: »Oh, hat Ihr Freund Ihnen Blumen geschenkt?«

»Nein«, antwortete sie.

Daraufhin fragte ich: »Sind die Blumen von Ihrem Mann?«

»Nein.«

»Wer hat Ihnen dann die Blumen gekauft?« fuhr ich fort.

»Ich selbst«, war ihre Antwort. Das kam mich aber seltsam vor.

Ich ging also an meinen Platz, wo ich mein Gepäck abstellte, kam zurück, stellte mich ihr vor, fand heraus, daß sie Christin war und sagte: »Darf ich Ihnen eine persönliche Frage stellen?«

»Gewiß«, antwortete sie.

»Warum haben Sie sich selbst ein Dutzend Rosen gekauft?«

Sie erwiderte: »Weil ich mich mag.«

Man stelle sich das einmal vor: Weil sie sich mochte, war sie hingegangen und hatte sich ein Dutzend Rosen gekauft.

Ein ganzes Zimmer voller Blumen

Wenn ich mich jemals allein fühle, fern von zu Hause und von meiner Familie, dann ist das am Silvesterabend. Seit dreizehn Jahren schon verbringe ich jedes Jahr den Silvesterabend weit weg von meiner Frau

Dottie und den Kindern, immer in demselben Motelzimmer in Laguna Beach in Kalifornien.

Jedes Jahr kurz nach Weihnachten mache ich eine sechstägige Vortragsreise, wo ich auf sechs oder sieben Studentenkonferenzen spreche. Ich beginne meine Reise immer an der Ostküste der Vereinigten Staaten, wo meine Familie und ich vorher das Weihnachtsfest bei Dotties Verwandten verbringen. Nachdem ich eine Woche lang umhergereist bin und Vorträge gehalten habe, komme ich schließlich immer an Silvester an der Westküste an und fahre dann nach Laguna Beach.

Ich bin geistig und körperlich völlig erschöpft.

Letztes Jahr kam ich auf dem Flughafen an, wo mich mein Freund Don Stewart abholte, mit dem ich gemeinsam mehrere Bücher geschrieben habe. Auf dem Weg durch den Laguna Canyon kamen wir an einem Lastwagen vorbei, wo ein Ehepaar direkt von der Ladefläche herunter Blumen verkaufte.

»Halt' mal kurz an!« bat ich Don. Ich stieg aus und kaufte fünf Dutzend Blumen. Stellen Sie sich einmal vor – wenn Sie das können –, wie das ist, wenn man mit fünf Dutzend Blumen im Arm versucht, die Tür eines Honda Civic zu öffnen und einzusteigen. Es ist nicht so einfach!

Don sagte nichts, als er nun das Auto voller Blumen hatte, aber man sah ihm an, wie verdutzt er war. Ich wußte, daß er fieberhaft nachdachte und versuchte, sich einen Reim darauf zu machen. Da ging also sein guter und geschätzter Freund hin und kaufte fünf Dutzend Blumen auf dem Weg zu einem Motelzimmer in Laguna Beach, wo niemand auf ihn wartete. »Was geht hier vor?« waren seine Gedanken, da war ich sicher. »Josh McDowell, der christliche Redner und Autor, leitender Mitarbeiter bei Campus für Christus, dessen Ehefrau und drei Kinder in Boston sind, fährt an Silvester zu einem Motelzimmer mit fünf Dutzend Blumen im Gepäck. Ist er wirklich der Mann, für den ich ihn immer gehalten habe?«

Don fuhr schweigend noch ein paar Straßen weiter, dann platzte er schließlich heraus: »Was willst du mit all den Blumen?« Voller Begeisterung erzählte ich ihm die Geschichte von der Stewardeß im Flugzeug und ihren Rosen und erwähnte noch einige Punkte aus diesem Buch.

Abschließend sagte ich: »Diese Blumen erinnern mich daran, wer Gott ist, was Jesus für mich getan hat und wer ich durch Gottes Gnade bin. Heute abend will ich diese Blumen im ganzen Zimmer verteilen, damit sie mich daran erinnern, daß Gott mich liebt, für mich sorgt und mir vergibt und daß ich mich selbst lieben und annehmen kann und zugleich dankbar sein kann, daß er mich gebraucht, um der Welt seine Liebe mitzuteilen, auch wenn ich Silvester allein in einem Motelzimmer verbringen muß.«

Vielleicht ist für Sie jetzt der Zeitpunkt gekommen, in ein Blumengeschäft zu gehen und sich selbst ein Dutzend Rosen zu kaufen.

Vielleicht brauchen Sie auch einfach nur zu sagen: »Danke, Gott, für den Menschen, der ich bin. Danke für meine Stärken und für meine Schwächen. Ich möchte dir meine Grenzen übergeben, damit du aus mir ein besseres Werkzeug machen kannst, um der Welt deine Liebe mitzuteilen. Herr, ich will die Welt lieben, und ich will damit anfangen, indem ich mich selbst lieben und annehmen lerne.«

Baustein fünfzehn

Sie sind etwas Besonderes, weil Sie von Gott zu einem bestimmten Zweck erschaffen worden sind. Wir finden überall in der Bibel Hinweise auf sein Ziel.

In 1. Mose 1, 27b–28 steht: »...und (Gott) schuf sie als Mann und Weib. Und Gott segnete sie und sprach zu ihnen: Seid fruchtbar und mehret euch und füllet die Erde und machet sie euch untertan und herrschet über die Fische im Meer und über die Vögel unter dem Himmel und über das Vieh und über alles Getier, das auf Erden kriecht.« Wem hat Gott dieses Gebot gegeben? _____

In 1. Thessalonicher 2, 4 sagt Paulus: »Weil Gott uns für wert geachtet hat, uns das Evangelium anzuvertrauen, darum reden wir.« Für welchen Zweck sind Sie wert geachtet? _____

In 2. Korinther 5, 20 spricht Paulus davon, daß »wir nun Botschafter an Christi Statt sind, denn Gott ermahnt durch uns.« Wessen Botschafter sind Sie?

_____

Christi Botschafter zu sein bedeutet, Menschen zu ermutigen, Christus als ihren Erlöser anzunehmen; dies bezieht sich auf unser ganzes Handeln. Im Epheserbrief 2, 10 heißt es: »Denn wir sind sein Werk, geschaffen in Christus Jesus zu guten Werken, die Gott zuvor bereitet hat, daß wir darin wandeln sollen.« Was sollen wir nach Gottes Plan als Christen tun? _____

Nachwort

Was Sie sich zur Stärkung Ihres Selbstbildes angewöhnen sollten

1. Stempeln Sie sich nicht selbst negativ ab (»Ich bin ungeschickt« usw.). Sie laufen nämlich Gefahr, so zu werden, wie Sie sich selbst sehen.
2. Geben Sie sich selbstsicher (aber nicht aggressiv), auch in bedrohlichen Situationen, besonders wenn Sie sich überhaupt nicht so fühlen.
3. Sollten Sie einmal versagt haben, gestehen oder bekennen Sie es Gott, Ihrem Vater, und verdammen Sie sich nicht selbst. »So gibt es nun keine Verdammnis für die, die in Christus Jesus sind« (Röm. 8, 1). Denken Sie daran, daß Sie auf dem Wege sind, Christus ähnlicher zu werden. Wachstum erfordert Zeit. Seien Sie zu sich selbst genau so freundlich, wie Sie zu jedem anderen Menschen sind (oder zu sein hoffen).
4. Vergleichen Sie sich nicht mit anderen. Sie sind ein einzigartiger Mensch. Gott freut sich über Sie in Ihrer Einzigartigkeit; entwickeln Sie eine ähnliche Einstellung zu sich selbst.
5. Konzentrieren Sie sich auf Gottes Gnade, Liebe und Annahme und denken Sie darüber nach – und nicht über die Kritik anderer Menschen.
6. Pflegen Sie den Umgang mit Freunden, die eine positive Lebenseinstellung haben, die gern mit Ihnen zusammen sind und sich ihres Lebens freuen.
7. Beginnen Sie, anderen zu helfen, sich so zu sehen, wie Gott sie sieht ... indem Sie sie akzeptieren, lieben und ermutigen. Geben Sie ihnen die Würde, die sie als Gottes einzigartige menschliche Geschöpfe verdienen.
8. Lernen Sie zu lachen; nehmen Sie das Leben von der humorvollen Seite.
9. Begegnen Sie anderen Menschen mit realistischen Erwartungen und berücksichtigen Sie dabei die speziellen Talente, Gaben, Fähigkeiten und Möglichkeiten des einzelnen.

10. Seien Sie gelassen und nicht so ungeduldig. Wenn Jesus, der ohne Sünde war, sich dreißig Jahre auf sein dreijähriges Wirken vorbereiten mußte, dann hat Gott es mit Ihnen vielleicht doch nicht so eilig, wie Sie meinen.

11. Tun Sie, was in den Augen Gottes recht und wohlgefällig ist. Wenn unser Leben Gottes Wesen widerspiegelt, sind wir viel glücklicher, und dies wirkt sich auf unsere Einstellung zu uns selbst aus.

12. Seien Sie positiv (Phil. 4, 8). Probieren Sie einmal, wie lange Sie es aushalten, ohne etwas Negatives über einen anderen Menschen oder eine Situation zu sagen.

13. Wenn Sie andere Menschen anleiten, tun Sie dies mit Einfühlungsvermögen und Weisheit, und nicht mit selbstherrlicher Machtausübung.

14. Lieben Sie nach Gottes Modell der *Agape*-Liebe und versuchen Sie, dabei eine Ausgewogenheit zu bewahren, indem Sie Grenzen setzen.

Wenn Sie es lernen, die in diesem Buch und insbesondere im Nachwort beschriebenen Grundsätze anzuwenden, schreiben Sie vielleicht eines Tages einen ähnlichen Brief wie diesen, den ich von Marion erhalten habe:

> Lieber Josh,
> in mir hatten sich viel Zorn und Kränkungen aufgestaut, weil ich unfähig war, Gott und meinen Eltern zu vergeben, daß ich so geworden bin, wie ich bin. Kurz, ich konnte mich selbst nicht leiden, und es fiel mir schwer, mich so anzunehmen, wie ich war. Der Herr wußte, daß ich Ihrer Gedanken zum Selbstbild bedurfte.
> Ich danke Ihnen. Ich beginne nun, mich so zu sehen, wie Gott mich sieht. Das ist der Beginn eines langersehnten Heilungsprozesses.
>
> Marion

Im Philipperbrief 3, 13–14 spricht Paulus zu Marion und Ihnen: »Ich vergesse, was dahinten ist, und strecke mich aus nach dem, was da vorne ist, und jage nach dem vorgesteckten Ziel, dem Siegespreis der himmlischen Berufung Gottes in Christus Jesus.«

Quellennachweis

Kapitel 1

1. John DeVines, »How Much Are You Worth?«, Grand Rapids, MI: Bibles for India.

Kapitel 2

1. Earl D. Radmacher, »Du und deine Gedanken«, Verlag der Francke-Buchhandlung.
2. Rollo May, »Man's Search for Himself«, New York: W. W. Norton and Co, Inc.
3. Walter Bauer, »Griechisch-deutsches Wörterbuch zu den Schriften des Neuen Testaments«, de Gruyler.
4. Elizabeth Skoglund, »The Whole Christian«, New York: Harper & Row.

Kapitel 4

1. W. Hugh Missildine, »In dir lebt das Kind, das du warst«, S. Klett-Cotta.

Kapitel 5

1. W. Hugh Missildine, »In dir lebt das Kind, das du warst«, S. Klett-Cotta.
2. Cecil Osborne, »The Art of Understanding Yourself«, Grand Rapids, Zondervan Publishing House.
3. Stanley Coopersmith, »The Antecedents of Self-Esteem«, San Francisco: W. H. Freeman.

Kapitel 7

1. Max Lerner, »The Vanishing American Father«, »McCalls«, Ausgabe Mai 1965.
2. Paul Popenoe, »Why Are Fathers Failures?«, The American Institute of Family Relations.
3. Harold Voth, »The Castrated Family«, Mission, KS: Sheed Andrews & McMeel.
4. Herb Goldberg, »The Hazards of Being Male«, Signet, New American Library.
5. Arthur Janov, »Anatomie der Neurose – Die wissenschaftliche Grundlegung der Urschrei-Therapie«, Fischer Tb.

Kapitel 8

1. James D. Mallory & Stanley C. Baldwin, »The Kink and I«, Zondervan Publishing House.

Kapitel 9

1. Linda Raney Wright »Staying on Top When Things Go Wrong«, Tyndale House.

Kapitel 10

1. Campus Life, Januar 1980.

Kapitel 14

1. Bruce Narramore and Bill Counts, »Guilt and Freedom«, Vision House.

Kapitel 15

1. Bruce Narramore, »You're Someone Special«, Zondervan Publishing House.

Lieber Leser,
wenn durch die Lektüre dieses Buches in Ihnen persönliche oder seelsorgerliche Fragen aufgekommen sind, so wenden Sie sich mit diesen bitte an einen Seelsorger Ihres Vertrauens. Gerne dürfen Sie sich auch an die
Family Life Mission, Postfach 1965, 7640 Kehl
wenden, die von Walter und Ingrid Trobisch gegründet wurde. Erfahrene Seelsorger werden Ihnen antworten. Ihre Anfragen werden selbstverständlich vertraulich behandelt.

Barbara Sullivan

Warum bin ich so?

13,5 x 20,5 cm, 144 Seiten
ISBN 3-87827-050-X

Möchten Sie sich besser verstehen lernen?
Was bewegt Sie dazu, so zu denken, zu handeln und zu empfinden, wie Sie
es heute tun?
Gibt es noch ungelöste Konflikte in Ihren Beziehungen zu Ihren Eltern
und Geschwistern?

Dieses Buch kann Ihnen bemerkenswerte Einsichten über die Auswirkungen vermitteln, die Ihre Position in der Geschwisterfolge darauf hatte,
wer Sie heute sind. Diese Erkenntnisse können Ihnen helfen, an den
Dingen in Ihrem Leben zu arbeiten, die Sie schon immer ändern wollten.

Die Autorin, die sowohl die weltliche Psychologie wie auch die Bibel zu
Rate zieht, untersucht jede Position in der Geschwisterfolge. Sie gräbt bis
tief an die Wurzeln der persönlichen, zwischenmenschlichen und geistlichen Probleme. Sie untersucht das Leben von berühmten biblischen
Personen, um herauszufinden, wie Gott ihre Schwächen in Seinen
wunderbaren Plan eingebaut hat.

Wundern Sie sich als Eltern manchmal, wie Sie auf Ihre Kinder reagieren?
Fragen Sie sich, warum Sie sich zu bestimmten Menschen hingezogen
fühlen und Sie andere dagegen abstoßend finden?

Editions Trobisch, 7640 Kehl/Rhein

James Dobson

Minderwertigkeitsgefühle – eine Epidemie

13,5 x 20,5 cm, 180 Seiten
ISBN 3-87827-047-X

»Ihr braucht euch nicht zu verstecken!« – das ruft James Dobson vielen, von Minderwertigkeitsgefühlen geplagten jungen Menschen zu. Dieser Appell richtet sich aber auch und vor allem an die Eltern und Lehrer, die vor der schwierigen Aufgabe stehen, unseren Teenagern ein gesundes Selbstbewußtsein zu vermitteln.

Was können Eltern tun, um ihre Kinder vor der Qual der Minderwertigkeit zu schützen?

Wie können Lehrer die ungerechten Werturteile ausgleichen, die ihren Schülern Schaden zufügen?

Welche Handlungen und Haltungen werden es uns ermöglichen, vom Säuglingsalter an bei unseren Kindern Selbstachtung aufzubauen?

Der Autor entwirft in dem vorliegenden Buch zehn umfassende Strategien, die Eltern und Lehrern wertvolle Hilfen bei der Bewältigung dieser Aufgabe an die Hand geben. Dobson schreibt einen klaren und nüchternen, aber auch äußerst humorvollen Stil, der jede Mutter und jeden Vater anspricht. Sein Hauptanliegen besteht darin, der Familie in unserer Gesellschaft wieder den Stellenwert zurückzugeben, der ihr zukommt! Die Neubesinnung auf die Grundlagen des christlichen Glaubens sind das einzig wirklich erfolgversprechende Mittel im Kampf gegen die Minderwertigkeitskomplexe. Durch sie kann auch unser ungerechtes Wertsystem ersetzt werden.

Dr. James Dobson ist Professor der Kinderheilkunde an der University of South California. Als überzeugter Christ hat er sich in den USA als Bestsellerautor einen Namen gemacht. In deutscher Sprache erschienen von ihm die folgenden Bücher: »Unsere Kinder sind unmöglich«, »Die Macht der Gefühle«, »Gemeinsam oder einsam«, »Das eigenwillige Kind«, »Man hat's nicht leicht als Mann«.

Editions Trobisch, 7640 Kehl/Rhein

Walter Trobisch

Mit unerfüllten Wünschen leben

13,5 x 20,5 cm, 140 Seiten
ISBN 3-87827-036-4

»Ich bin sechzehn.« Eines Tages fiel mir beim Beantworten meiner Leserpost auf, daß diese Altersangabe immer wieder vorkam. Ungewöhnliche Briefe, vertrauliche Briefe!

Spannung und Schmerz entstehen in diesem Lebensjahr durch ein Dazwischenhängen in mehr als einer Hinsicht: diese Jungen und Mädchen sind keine Kinder mehr und doch noch keine Erwachsene. Sie streben nach Loslösung von der Familie und können doch nicht auf eigenen Beinen stehen.

Eltern, die dieses Buch lesen, mögen darüber erschrecken, wie wenig sie darin vorkommen. Sie mögen aber auch daraus schließen, welche Hilfe für ihr Kind in einer kleinen, zärtlichen Geste liegen könnte, im Zeithaben möglichst allein mit jedem Kind, und im Zuhören, im einfachen, schlichten Zuhören.

Auffallend ist auch, wie viele dieser Jungen und Mädchen bezeugen, was ein lebendiger Glaube vermag und welche Stütze die Gemeinschaft glaubender Menschen ist, um die schwere Zeit zu bestehen.

Es ist in diesem Alter eine hohe Kunst zu erlernen, die sich später einmal im Leben bewähren wird, ganz gleich, ob jemand heiratet oder nicht, eine Lebenskunst, die Dietrich Bonhoeffer in die Worte gefaßt hat: »Er gibt erfülltes Leben, trotz vieler unerfüllter Wünsche.«

Editions Trobisch, 7640 Kehl/Rhein